100억 부자
AI 전략

100억 부자 AI 전략

초판 1쇄 발행 2025년 12월 12일

지 은 이	문태성
발 행 인	권선복
편 집	권보송
디 자 인	김소영
전 자 책	서보미
마 케 팅	권보송
발 행 처	도서출판 행복에너지
출판등록	제315-2011-000035호
주 소	(157-010) 서울특별시 강서구 화곡로 232
전 화	0505-613-6133
팩 스	0303-0799-1560
홈페이지	www.happybook.or.kr
이 메 일	ksbdata@daum.net

값 25,000원

ISBN 979-11-24134-04-7 (13320)

Copyright ⓒ 문태성, 2025

* 이 책은 저작권법에 따라 보호받는 저작물이므로 무단전재와 무단복제를 금지하며, 이 책의 내용을 전부 또는 일부를 이용하시려면 반드시 저작권자와 〈도서출판 행복에너지〉의 서면 동의를 받아야 합니다.
* 잘못된 책은 구입하신 곳에서 바꾸어 드립니다.

도서출판 행복에너지는 독자 여러분의 아이디어와 원고 투고를 기다립니다. 책으로 만들기를 원하는 콘텐츠가 있으신 분은 이메일이나 홈페이지를 통해 간단한 기획서와 기획의도, 연락처 등을 보내주십시오. 행복에너지의 문은 언제나 활짝 열려 있습니다.

― 100억 부자 마인드 완벽 가이드 ―

100억 부자 AI 전략

AI 추천 100가지 전략보고서

문태성 지음

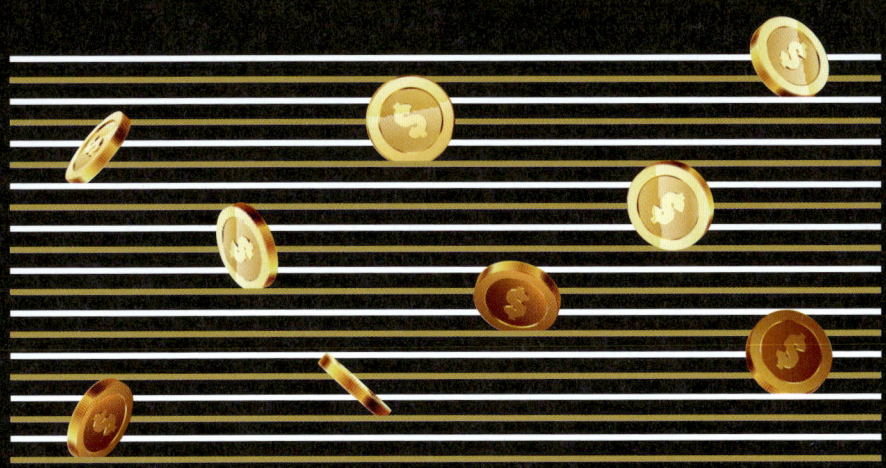

도서출판 행복에너지

서문

"돈은 시스템이다.
AI는 그 시스템의 핵심이다."

지금 당신은 평범한 삶에 안주하고 있는가?
소득은 그대로인데, 물가는 치솟고 미래는 불투명하다.

"나는 그냥 이렇게 살다 끝나는 걸까?"
그렇지 않다. 누구나 부자가 될 수 있다. 단, '전략'과 '시스템'이 필요하다.

왜 100억인가?
10억은 시작일 뿐이다. 100억부터 자산이 자산을 낳는 시스템, 즉 복리와 자동화 구조가 가능해진다.

이 책은 바로 그 '100억 자산 시스템'을 만드는 전략을 소개한다.

지금은 골든 타임이다.
AI 전환기라는 단 한 번의 기회를 맞은 지금,
AI를 먼저 이해하고 실행한 사람들이 부를 독점하고 있다.

AI는 사람의 일을 빼앗는 것이 아니라,

AI를 쓰는 사람에게 부를 몰아주는 시스템이다.

당신은 지금 두 갈래 길 앞에 서 있다.
이 책을 덮고 원래의 삶으로 돌아가는 길
이 책을 읽고 전략을 실행해 자산 시스템을 구축하는 길.

변화의 확률은 두 번째 길에 있다.
단 몇 가지 전략만 제대로 실행해도 인생은 바뀐다.

이 책은 단순한 '돈 버는 책'이 아니다.
'돈이 당신을 위해 일하게 만드는 책'이다.

✔ 매일 1% 성장하는 시스템
✔ 자동화된 AI 수익 모델
✔ 시간과 공간의 제약을 넘어서는 자산관리
✔ 당신만의 브랜드와 네트워크를 만드는 전략

이 모든 것이 이 책 안에 답이 있다.
필요한 것은 더 많은 정보가 아니라, 전략과 실천이다.

단언컨대, 이 책은 당신 인생의 터닝포인트가 될 수 있다.
100가지 AI 전략 중 자신에게 맞는 것만 실행해도 수년 후,
당신은 100억 성공담 간증 저자가 되어 있을 수 있다.

"나는 정말 부자가 되기를 원하는가?

아니면 그냥 바라기만 하는가?"

답은 행동이다. 실천하는 자만이 부자가 된다.

부자가 되는 길은 좁은 길이다.
누구나 다 아는 길이 아니다.
험난한 길이지만, 도전할 가치가 있는 길이다.

그 첫 발걸음을 지금, 이 책과 함께 내딛자.
AI와 함께, 100억 자산의 주인공이 되는 여정은 지금 시작된다.

매일 1%씩 자산을 늘린다면 성공이다. 그 마법을 책 속에서 구하자.

지식이 돈이다.
그 길이 있는 책 속으로 START~!

2025년 가을
저자 **문태성**

차례

서문 **4**

PART 1. 부자 마인드셋 구축

- 01 부의 원리를 이해하라 **14**
- 02 100억 목표의 구체화 **17**
- 03 풍요 사고방식 훈련 **19**
- 04 돈에 대한 두려움 제거 **21**
- 05 실패를 자산으로 바꾸는 기술 **24**
- 06 자기 효능감 높이기 **27**
- 07 기회 감지 능력 개발 **29**
- 08 부의 파이프라인 개념 **31**
- 09 부자는 소비가 아닌 투자에 집중한다 **34**
- 10 AI와 함께 미래 예측 훈련하기 **36**

PART 2. 자산관리와 돈 버는 습관

- 11 자산과 부채 정확히 구분하기　41
- 12 지출 분석 AI 활용하기　44
- 13 자동화된 예산 관리 시스템 구축　47
- 14 소비 패턴의 최적화　50
- 15 절약보다 효율에 집중하라　53
- 16 AI 기반의 수입 다각화 전략　56
- 17 현금흐름 중심 자산 구성법　60
- 18 부자들이 사용하는 계좌 시스템　63
- 19 세금 최적화 전략　65
- 20 비상금 관리 AI 시스템　68

PART 3. 수익 다변화 전략

- 21 파이프라인 소득 만들기　73
- 22 사이드 비즈니스 시작하기　76
- 23 AI로 N잡 분석 및 선택　79
- 24 자동화 수익 모델 구축하기　82
- 25 스톡 콘텐츠 수익화 전략　85
- 26 수익형 블로그 및 미디어　88
- 27 강의, 전자책 수익화　91
- 28 유튜브와 AI 자동 콘텐츠 운영　94
- 29 뉴스레터 구독 비즈니스　97
- 30 로열티 기반 수익 모델 구축　100

PART 4. 부동산 전략

- 31 AI로 지역 분석 및 가치 예측 **105**
- 32 수익형 부동산 포트폴리오 만들기 **115**
- 33 꼬마빌딩 투자 노하우 **118**
- 34 재개발 재건축 예측 전략 **120**
- 35 월세 부동산 자동 관리 시스템 **122**
- 36 부동산 법인 설립의 장점 **124**
- 37 전월세 전환율 계산 자동화 **127**
- 38 부동산 세금 절세 전략 **131**
- 39 상가, 오피스텔, 건물 AI 매입 타이밍 **134**
- 40 글로벌 부동산 투자 **137**

PART 5. 주식 및 금융 투자 전략

- 41 AI 퀀트 기반 종목 선별법 **141**
- 42 장기 투자 vs 단기 매매 전략 **143**
- 43 ETF 포트폴리오 자동 리밸런싱 **146**
- 44 분산 투자 시스템 설계 **149**
- 45 AI 기반 주가 패턴 학습 **152**
- 46 배당주 투자 AI 전략 **156**
- 47 가치주 vs 성장주 판단법 **159**
- 48 증권 API 활용한 자동매매 구축 **162**
- 49 글로벌 주식 투자 AI 분석 **165**
- 50 기술적 분석 자동화 **170**

PART 6. 코인 및 디지털 자산 전략

- 51 블록체인과 Web3 이해 **175**
- 52 AI로 시세 예측하는 방법 **178**
- 53 분산 지갑과 보안 자동화 **181**
- 54 디파이(DeFi) 수익 창출 **184**
- 55 NFT 자산화 전략 **188**
- 56 코인 자동 거래 시스템 **191**
- 57 위험관리 알고리즘 설계 **195**
- 58 루나 사태에서 배우는 분산 리스크 **198**
- 59 Stable coin 활용 전략 **201**
- 60 AI로 유망 코인 초기 탐색 **205**

PART 7. 사업 및 창업 전략

- 61 AI로 시장 수요 조사 **209**
- 62 아이디어 검증 자동화 **212**
- 63 스타트업 성공 모델 분석 **215**
- 64 수익모델 실험 시스템 **218**
- 65 MVP 기획 및 고객 피드백 자동 수집 **221**
- 66 자동화된 CRM 시스템 구축 **225**
- 67 가격 정책 A/B 테스트 **228**
- 68 고객 이탈 예측 및 대응 **231**
- 69 비즈니스 피벗 전략 **234**
- 70 AI와 협업하는 스타트업 운영법 **237**

PART 8. 마케팅과 브랜딩 전략

- 71 AI 기반 퍼포먼스 마케팅　**242**
- 72 개인 브랜드 자동 확장　**245**
- 73 자동 이메일 마케팅 시스템　**248**
- 74 소셜미디어 콘텐츠 자동화　**251**
- 75 AI 챗봇을 통한 세일즈 증대　**254**
- 76 트렌드 예측 마케팅　**257**
- 77 잠재고객 스코어링　**260**
- 78 파트너십 자동화 전략　**262**
- 79 영상 콘텐츠 분석 및 제작　**265**
- 80 고객 행동 분석 마케팅　**268**

PART 9. 인적 네트워크 및 레버리지 전략

- 81 부자 네트워크에 들어가는 방법　**273**
- 82 지식 교환의 자동화　**276**
- 83 조인트벤처 전략　**279**
- 84 인플루언서 협업 자동화　**282**
- 85 인맥 확장 알고리즘　**285**
- 86 영향력 있는 커뮤니티 운영　**288**
- 87 전문가를 레버리지 하는 법　**291**
- 88 멘토 찾기와 관계 유지 AI　**294**
- 89 협업 파트너 분석 및 추천　**297**
- 90 협업 이익 분배 구조 설계　**300**

PART 10. 장기 성장 전략 및 종합 시스템

- 91 AI 재무 코치 설정하기 **304**
- 92 자산 성장 시뮬레이터 운영 **306**
- 93 건강과 부의 상관관계 설계 **309**
- 94 스트레스 최소화 시스템 **312**
- 95 자동화된 은퇴 계획 설계 **314**
- 96 부의 가계도 작성 및 계승 전략 **316**
- 97 매일 1% 복리 성장 시스템 **319**
- 98 리스크 예측 알고리즘 구축 **322**
- 99 실시간 목표 추적 대시보드 **325**
- 100 AI와 함께 100억 자산의 주인 되기 **328**

출간후기 **333**

부자 마인드셋 구축

01. 부의 원리를 이해하라

"부자는 운이 아니라 구조로 만들어진다."

우리는 종종 부자를 '특별한 사람', '타고난 사람'이라고 생각한다. 하지만 부의 세계는 그렇게 신비하거나 불공평하지 않다. 부는 단순히 **돈이 많은 상태**가 아니다.

진정한 부는 **돈이 스스로 불어나는 구조**를 만든 사람에게 주어진다.

1. 부의 세계를 지탱하는 3가지 핵심 원리

1) 돈은 일하는 사람보다 '시스템'을 따른다.

하루 24시간을 일해서 버는 소득은 한계가 있다.
아무리 성실해도, 내가 아플 땐 돈도 쉰다.
그래서 부자는 '내가 일하지 않아도 돈이 흐르도록' 구조를 만든다.
책을 쓰면, 자고 있어도 인세가 들어온다.
부동산을 소유하면, 출근 안 해도 임대료가 들어온다.
AI 마케팅 자동화 시스템을 돌리면, 밤새 수익이 발생한다.

부자와 비부자의 가장 큰 차이는
'내가 일해야 돈이 들어오는가? 아니면 구조가 일하는가?'의 차이다.

2) 돈은 감정이 아니라 수학이다.

돈을 대하는 감정이 강할수록, 냉정한 판단이 흐려진다.
'이 정도면 됐지',
'불안해서 못 하겠어',
'왠지 불길해'
같은 감정적 접근은 부의 구조를 막는다.

반면, 부자들은 감정보다 숫자를 먼저 본다.
이 자산은 연 5% 수익률을 줄 수 있는가?
리스크를 분산할 포트폴리오가 설계되어 있는가?
복리로 굴릴 수 있는가?

그들은 감정이 아닌 **수치와 구조**로 판단한다.
그리고 항상 '복리'라는 개념을 신봉한다.
복리는 '작은 차이'를 '큰 격차'로 만들어준다.
한 번의 성공보다, 수십 번의 반복 가능한 구조가 더 중요하다.

3) 시간이 아닌 구조가 부를 만든다.

시간은 누구에게나 공평하다.
하지만 **시간을 쓰는 방식은 전혀 다르다.**
부자는 시간을 써서 시스템을 만들고,
시스템은 그 이후의 시간에 돈을 만들어준다.

즉,
가난한 사람은 시간 = 돈

부자는 시스템 × 시간 = 자산

시간을 투자해 반복 가능한 구조를 설계하는 것이 부자의 시간 철학이다.

2. 부는 어떻게 만들어지는가?

'부'는 어느 날 갑자기 만들어지는 게 아니다.
다음과 같은 단계로 서서히 구조화된다.

노동 소득을 최대한 활용한다. (초기 자본 축적)
그 소득을 활용해 **자산을 사거나 시스템을 만든다.**
시간이 갈수록 **자산이나 시스템이 소득을 만들어낸다.**
내 시간과 체력은 점점 줄고, 구조가 내 삶을 대신 굴린다.
이 구조가 내 아이에게도 넘어간다.

부자가 되는 과정은 결국 "시간을 돈으로 바꾸는 삶에서, 구조가 돈을 만드는 삶으로의 이동"이다.

3. 부의 원리를 받아들이는 순간, 생각이 달라진다

'열심히 해야 부자 된다'는 생각에서 벗어난다.
'많이 버는 것'보다 '어떻게 벌리는가?'를 고민하게 된다.
나만 일하는 구조에서, 돈과 사람들이 일하는 구조로 시야가 확장된다.

부의 원리를 깨달은 순간부터,

당신은 더 이상 소비자가 아닌 설계자다.

그날부터 인생은 완전히 달라진다.

02. 100억 목표의 구체화

**"막연한 꿈은 현실이 되지 않는다.
숫자와 구조로 떨어질 때 비로소 현실이 된다."**

많은 사람이 '부자가 되고 싶다.'고 말한다.

그런데 정작 "얼마를?", "언제까지?", "어떻게?"를 물어보면 대답하지 못한다. 부자는 목표부터 다르다. 목표는 구체적이고 측정 가능하며 실행 가능하다.

100억이라는 숫자는 막연한 환상이 아니라, 설계 가능한 목표다.

1. 왜 100억인가?

단순히 크기 때문이 아니다. 100억은 다음 3가지 조건을 충족시키는 '자유 자산 기준점'이다.

경제적 자유: 월 2,000만 원 이상의 안정적 수익 창출 가능
리스크 방어: 경기 침체, 건강 위기에도 구조적으로 흔들리지 않음
자산 이전: 다음 세대에 시스템 자체를 물려줄 수 있는 규모

즉, 100억은 '나'와 '가족'의 삶을 동시에 책임질 수 있는 규모다.
그 이하의 자산은 사고 한 번, 위기 한 번에 흔들릴 수 있다.

2. 100억 목표는 이렇게 나눈다

구성 요소	자산 구성 예시	수익 발생 방식
부동산 자산	60억 (상가, 오피스텔 등)	임대 수익 및 시세차익
금융 자산	30억 (배당주, ETF, 채권 등)	배당 및 복리 성장
현금 및 유동성	10억 (비상자금, 재투자 준비금)	리스크 관리 및 기회 대응

100억을 '하나의 덩어리'로 생각하면 막막하다.
하지만 **세부 포트폴리오로 나누면 충분히 현실적이다.**
중요한 건, 어디서부터 시작할 것인가, 어떤 순서로 채워갈 것인가다.

3. 목표는 숫자보다 '루틴'이 결정한다

목표를 정했다면 다음은 루틴이다.
매일, 매주, 매달 반복할 수 있는 **부의 루틴**을 설계해야 한다.
매일 투자 공부 30분
매달 현금 흐름 정리 및 투자 비율 조정
분기별 자산 리밸런싱
연 1회 장기 포트폴리오 점검

4. 목표가 구체화 되면, 행동이 선명해진다

"막연한 목표 = 막연한 삶"

"구체적인 목표 = 명확한 행동"

03. 풍요 사고방식 훈련

"부자가 되기 전, 먼저 부자의 생각을 가져야 한다."

세상은 생각보다 **의식이 먼저 움직이고, 현실이 따라온다.**

아무리 많은 돈을 벌어도, 가난한 마음을 가진 사람은 결국 제자리로 돌아간다.

반대로 아직 돈이 없어도 풍요로운 마인드를 가진 사람은 결국 부의 방향으로 움직인다.

1. 가난한 사람과 부자의 사고방식 차이

구분	가난한 사고방식	부자의 사고방식
시간	"시간은 돈이다"	"시간은 자산을 만드는 재료다"
돈	"돈은 써야 줄지 않는다"	"돈은 쓰되, 시스템으로 흘러야 한다"
투자	"잃으면 어떡하지?"	"잃을 수 있다는 걸 계산하고 시작한다"
실패	"실패하면 끝이다"	"실패는 더 빠른 학습 기회다"
경쟁	"경쟁에서 이겨야 한다"	"협업으로 더 큰 시장을 만든다"

부자는 돈이 아니라 **생각의 크기로 세상을 바꾼다.**

그들의 공통점은 '가능성'에 더 많은 시선을 둔다는 것.

어떤 상황이 와도 "이 안에서 내가 할 수 있는 기회는 뭘까?"를 먼저 묻는다.

2. 풍요로운 마인드 훈련법

풍요는 '느낌'이 아니라 '연습'이다.
다음과 같은 훈련으로 **풍요 회로를 매일 켜야 한다.**

감사의 일기 쓰기
오늘 내가 가진 것 중 감사한 3가지 기록
뇌는 내가 가진 것에 집중할수록 더 많은 기회를 보게 됨

소비 대신 투자 질문하기
지출하려 할 때 "이건 자산이 될 수 있을까?"를 자문
돈을 쓰는 방식이 생각을 바꾸고, 결과를 바꾼다.

부자의 말과 글 읽기
매일 5분, 부자들의 사고방식을 문장으로 흡수
언어는 의식을 설계하는 도구다.

가능성 언어 사용하기
"돈 없어서 안 돼" → "이건 어떻게 가능할까?"
"난 못 해" → "어떻게 하면 할 수 있을까?"

생각의 언어를 바꾸면 감정이 달라지고, 감정이 달라지면 행동

이 바뀌고, 행동이 바뀌면 인생이 바뀐다.

3. 부는 '에너지'다

부자는 '돈'이 아니라 '에너지'를 끌어당긴다.

04. 돈에 대한 두려움 제거

**"우리는 왜 돈을 두려워할까? 그것은 '돈'
그 자체가 아니라, 돈에 얽힌 감정의 기억 때문이다."**

부자가 되고 싶은데, 막상 돈이 가까이 다가오면 어딘가 불편하거나 무섭다면, 그건 단순한 경제적 문제가 아니라 **심리적** 문제다.

많은 이들이 돈을 '갖고 싶다'라고 말하면서도,
마음 깊은 곳에서는 돈이 **불안, 죄책감, 갈등, 상실**과 연결되어 있다.

1. 돈에 얽힌 감정은 대부분 '과거'에 있다

어릴 적 부모가 돈 문제로 다투던 기억,
'돈 많이 벌면 욕심쟁이야'라고 들었던 말,
혹은 돈을 잃어 큰 상처를 입은 경험.
이 모든 기억이 현재의 나를 조종한다.

그런 감정은 다음과 같은 형태로 나타난다:
"내가 이렇게 많이 벌어도 되나?"
"잘 되다가 망하면 어쩌지?"
"돈 벌면 인간관계가 변할 거야."
"나 같은 사람이 돈을 가져도 될까?"
이처럼 우리는 무의식적으로 돈을 **두려움의 존재**로 여긴다.
그리고 그 무의식은 우리의 '행동'을 결정하고,
결국 '현실'이 된다.

2. 두려움은 돈의 에너지를 막는다

돈은 물질이지만, 동시에 **에너지**다.
그 에너지는 나의 감정과 진동에 민감하게 반응한다.
부자들은 공통적으로 **돈을 당연하게 여기는 감정 상태**를 유지한다.
'두려움' 대신 **신뢰**, '결핍' 대신 **충만감**을 기본 진동으로 삼는다.
즉, 부자가 되기 위해선, **두려움 없는 돈의 에너지 회로**를 내 안에 구축해야 한다.

3. 실천: 돈에 대한 두려움을 치유하는 5단계

돈에 대한 나의 감정을 적어보자.
"나는 돈이 있으면 _____한 감정이 든다."
"돈이 없을 때 나는 _____하게 느낀다."
☞ 감정은 억누르지 말고 마주해야 사라진다.

돈을 중립적인 존재로 바라보는 훈련

돈은 나쁜 것도, 좋은 것도 아닌 **도구**다.
도구는 내가 어떻게 쓰느냐에 따라 가치가 정해진다.

'돈이 나를 도와준다'는 인식 심기

"돈이 들어오면 나는 더 많은 사람을 도울 수 있다."
"돈은 나에게 확장과 성장의 기회를 준다."
☞ 돈을 긍정적인 '협력자'로 느끼도록 훈련하자.

감정이 섞이지 않은 '건강한 소비' 훈련

즐거움으로 커피를 사고, 당당하게 나를 위해 투자해 본다.
매 순간 소비할 때 "나는 나를 위해 돈을 흘려보낸다."라고 말해 보자.

돈과의 관계를 의인화해서 회복하기

돈을 사람처럼 여겨보자.

"돈아, 네가 내 곁에 있으면 너무 불편했어. 하지만 이젠 괜찮아."
돈과 화해하는 이 대화는 생각보다 강력한 힐링 효과를 준다.

4. 두려움을 넘어 신뢰로

돈은 도망치는 게 아니다.
우리가 마음으로 거부하기에 떠나는 것이다.

돈에 대한 두려움을 제거하면,
그때부터 진짜 돈 공부가 시작된다.

부자 마인드의 첫 문은
'돈을 있는 그대로 받아들이는 용기'에서 열린다.

05. 실패를 자산으로 바꾸는 기술

"부자는 실패를 손실로 계산하지 않는다. 오히려 가장 값비싼 수업료를 낸 '경험 자산'으로 간주한다."

사람들은 실패를 두려워한다.
낙오, 손해, 부끄러움, 자존감 하락, 주변의 시선…
하지만 부자들은 실패를 **필연적 과정**으로 여긴다.

그들은 실패에서 **정보를 추출**하고, **통찰로 바꾸며**,
다시 전략을 수정하는 능력을 기른다.
실패를 **고통**으로만 받아들이면 거기서 끝나지만,
실패를 **데이터**로 보면 새로운 방향이 열린다.

1. 실패는 '되돌아갈 것'이 아니라, '넘어설 것'

보통 사람은 실패 앞에서 멈춘다.
하지만 부자는 **실패를 해체하고 분석한다.**

그들은 묻는다:
무엇이 잘못됐는가?
나의 판단 중 오류는 무엇이었는가?
타이밍, 시장, 감정 중 무엇이 방해였나?

이 질문을 통해 실패는 '부끄러운 과거'가 아니라
'미래 성공의 설계도'가 된다.

2. 실패한 경험을 '지식 자산'으로 전환하는 프레임

사건 → 교훈
실패를 **교훈**으로 바꿔 쓰는 글쓰기 훈련을 하라.
예: "그때는 시장을 제대로 조사하지 않았다."
→ "다음부터는 데이터 기반으로 검증한다."

감정 → 에너지
부끄러움, 분노, 절망 같은 감정은 그대로 두면 나를 갉아먹는다.
그러나 그것을 **훈련의 자극**으로 쓰면 압도적인 추진력이 된다.

실패 → 콘텐츠
나의 실패는 누군가에겐 **귀중한 정보**가 된다.
글, 영상, 강의, 책으로 만들어라.
실패가 많을수록 **전문가 포지션**이 된다.

3. 실리콘밸리의 공식: "Fail fast, learn faster"

실패를 빠르게 경험하라는 이 공식은 AI 시대에 더더욱 유효하다.
AI는 끊임없이 실험하고, 수정하고, 학습한다.

그런 점에서, 실패는 **학습의 속도 단위**이기도 하다.
많이 실패한 사람이 빠르게 성공한다.
왜냐하면 그만큼 **데이터가 풍부**하기 때문이다.

4. 실천: 실패 복기 워크시트

실패를 한 문장으로 요약하라.
예: "나는 고객 니즈를 제대로 파악하지 못했다."

당시의 선택을 구체적으로 분석하라.
무엇을 기준으로 결정했는가?

감정을 솔직하게 기록하라.
부끄러움, 분노, 자책 등을 숨기지 말 것.

다음 시도에서 수정할 점을 정리하라.
구체적 액션 플랜으로 연결할 것.

이 경험을 누구와 나눌 수 있을지 떠올려라.
실패를 고립이 아닌 연결의 수단으로 전환하라.

5. 실패를 돈으로 환산하는 사고 훈련

부자들은 실패를 '수업료'라고 부른다.
예: "그 프로젝트로 5백만 원 날렸지만,
앞으로 그 실수로 인한 손실을 모두 피하게 됐으니
사실상 5천만 원 이상을 번 셈이다."

실패는 그 자체로 돈이 된다.
마인드만 바꾸면, 손실이 자산으로 바뀐다.

06. 자기 효능감 높이기

**"내가 할 수 있다"는 믿음이 없다면
어떤 전략도, 도구도, AI도 무용지물이다.**

자기 효능감(self-efficacy)이란,
'나는 원하는 결과를 만들어낼 수 있다'라는 내적 신념이다.
이 신념은 단순한 자기 확신을 넘어서 행동을 시작하게 하고,
지속하게 만들며, 실패에도 굴하지 않는 **심리적 근육**이 된다.
부자들은 이 자기 효능감이 자신의 **핵심 자산**임을 안다.
돈보다 먼저, **자신을 믿는 기술**을 투자한다.

1. 자기 효능감이 낮은 사람의 특징

시작 전부터 "안 될 거야"라는 내적 대사
다른 사람의 성공을 보며 **질투와 비교**

시도는 하지만 **쉽게 포기함**

주변 피드백에 **과도하게 흔들림**

이들은 능력의 문제가 아니라,
신념의 결핍으로 인해 부를 끌어오지 못한다.

2. 자기 효능감을 높이는 4단계 전략

작은 성공의 누적

처음부터 거대한 목표는 부담이 된다.
오늘 할 수 있는 가장 작은 실행을 설정하라.
예: "10분간 시장조사 자료 읽기"
작지만 완료하면 뇌는 "난 해냈어"라고 인식한다.

시각화 훈련

눈을 감고 **성공한 나**를 반복해서 그려보라.
뇌는 현실과 상상을 구분하지 못한다.
상상이 반복되면, 뇌는 그것을 **익숙함**으로 받아들인다.

역할모델 따라 하기

자신이 존경하거나 닮고 싶은 사람의 행동, 말투, 습관을 **모방하**라. 역할모델은 외부의 나침반이자, 미래의 내 모습이다.

실패 이후의 자기 대화 바꾸기

X: "역시 난 안돼."

O: "다음엔 더 나아질 거야. 이번엔 데이터가 생겼어."
자기 효능감은 **실패 직후의 생각**에서 키워진다.

3. AI를 활용한 자기 효능감 증진법

AI 코치를 활용하면 자기 효능감 훈련을 일상화할 수 있다.

매일 아침 **오늘의 성공 이미지 시각화** 리마인더 받기
나만의 **성공 행동 패턴 추적**, AI로부터 긍정 피드백 받기
실패 시 AI와 함께 원인 분석 및 **교훈 추출**

4. 실천 과제: 자기 효능감 점검표

지금 내가 가장 회피하고 있는 일은?

07. 기회 감지 능력 개발

"기회는 준비된 자에게만 보인다.
그리고 대부분은 평범한 옷을 입고 온다."

부자가 되는 사람은 특별히 운이 좋은 게 아니다.
그들은 **기회를 알아보는 눈**이 있다.
기회 감지 능력(opportunity detection ability)이다.
이 능력은 의식적 훈련을 통해 **강화가 가능**하다.

1. 기회는 '문제' 속에 숨어 있다

기회는 종종 '문제'라는 외투를 입고 나타난다.
배송이 늦다 → 물류 자동화 스타트업 기회
사람들이 건강을 걱정한다 → 웨어러블 헬스케어 시장
중소기업이 인재를 못 구한다 → AI 채용 솔루션 수요
이처럼 세상의 **불편, 결핍, 변화**는 부를 만드는 **신호다**.
하지만 대부분의 사람은 그저 불평하고 넘어간다.
부자는 거기서 "어떻게 해결할까?"라는 질문을 던진다.

2. 기회 감지력을 키우는 실전 루틴

문제 관찰 일지 쓰기
하루에 최소 3가지 "불편한 점"을 기록하자.
예: "출퇴근 시간이 너무 길다."
예: "부모님이 스마트폰을 어려워하신다."

'왜 그렇지?' 질문 훈련
그냥 불편하다고 끝내지 말고,
"왜 이런 일이 반복될까?"를 물어보자.
이 질문이 근본 원인을 파고드는 **기획자의 눈**을 키운다.

비즈니스로 연결시켜 보기
"이걸 해결하면 누가 좋아할까?"
"돈을 낼 만큼 간절한 문제일까?"

"AI를 도입하면 더 쉬울까?"

이런 질문을 반복하다 보면 문제는 단순한 스트레스가 아니라 **돈이 되는 단서**가 된다.

3. AI로 기회를 포착하는 법

AI를 활용하면 눈에 보이지 않던 신호를 감지할 수 있다.

구글 트렌드: 검색량 급증 주제 포착
소셜 미디어 분석 AI: 사람들의 불만, 바람, 관심사를 실시간으로 수집
AI 기반 뉴스 요약기: 업계 변화 감지
감정 분석 모델: 제품 리뷰 속 소비자 니즈 추출

이러한 시스템을 자동화하면, 하루에도 수십 가지의 '돈 냄새 나는 단서'를 포착할 수 있다.

4. 기회가 보이기 시작하면?

그다음은 **빠른 실행**이다.

08. 부의 파이프라인 개념

"노동으로 돈을 버는 사람은 물을 양동이로 나른다.
시스템으로 돈을 버는 사람은 수도관을 설치한다."

부자가 되는 핵심은
돈이 흘러들어오는 '파이프라인'을 구축하는 것이다.

단순히 열심히 일해서 돈을 버는 것은 물통으로 물을 옮기는 일이다. 반면, 파이프라인을 설치하면 내가 자리에 없어도 물(수익)은 계속 흐른다.

1. 파이프라인 vs 벌이

항목	벌이(Earned Income)	파이프라인(Passive/System Income)
방식	시간 ⇌ 돈 교환	시스템이 돈을 만든다
예시	월급, 프리랜서 일	임대수익, 온라인 강의, SaaS 등
한계	시간에 한정됨	규모 확장 가능
지속성	중단 시 소득 중단	자동화 유지 가능

2. 파이프라인의 3가지 핵심 원칙

자동화:

인간의 반복 노동을 시스템이 대체하도록 설계해야 한다.
예: 자동 결제, 자동 메일 발송, 챗봇 상담 등

확장성:

추가 시간 없이 수익이 늘어날 수 있어야 한다.
예: 전자책 한 권을 수천 명에게 판매

지속성:

일시 유행이 아닌, 꾸준히 필요한 서비스나 콘텐츠여야 한다.
예: 건강, 교육, 재무, 생산성 등

3. AI 시대의 파이프라인 예시

AI를 활용하면 파이프라인은 더 똑똑하고, 더 강력해진다.

AI 블로그/콘텐츠 자동 생성 → 광고 수익
AI 이메일 마케팅 → 자동 세일즈 전환
AI 챗봇 → 24시간 상담 & 고객 응대
AI 코스 제작 도구 → 교육 파이프라인
AI 리서치봇 → 전자책 콘텐츠 작성
AI 트레이딩 알고리즘 → 자동 수익 구조

이러한 시스템은 한 번, 잘 설계해 두면 내가 쉬는 동안에도 돈이 흐르는 진짜 의미의 '파이프라인'을 만들어준다.

4. 파이프라인 구축을 위한 실전 질문

지금 내가 하는 일 중 반복 가능한 일은 무엇인가?
내가 가진 지식/경험을 디지털 콘텐츠로 만들 수 있는가?
어떤 플랫폼에 나의 자산을 자동으로 연결할 수 있을까?

09. 부자는 소비가 아닌 투자에 집중한다

"부자는 돈을 지출할 때도 자산을 생각한다.
가난한 사람은 돈을 쓸 때 '기분'부터 생각한다."

가난한 사람은 돈을 쓰면 끝이라 생각한다.
반면 부자는 **돈을 쓰는 순간조차도 '투자'로 전환**한다.
이 둘의 차이가 결국 부를 결정짓는다.

1. 소비 vs 투자, 개념부터 다시 보자

소비: 쓴 돈이 돌아오지 않는다.
예: 명품 가방, 외식, 과한 쇼핑

투자: 쓴 돈이 자산이 되어 돌아온다.
예: 지식, 기술, 사업, 인프라

같은 100만 원을 써도, 누군가는 끝나는 돈이고
누군가는 시작이 되는 자산이다.

2. 부자의 소비 습관 3가지

투자적 소비만 한다.
돈이 '어디로 가는가'보다 '무엇을 만들어 내는가'를 본다.
예: 책, 교육, AI툴, 웹사이트 제작 등

자신에게 투자한다.

지식, 체력, 인간관계, 기술, 자동화 역량 등
미래의 수익을 만드는 역량을 강화한다.

감정 소비를 경계한다.

스트레스 해소용 쇼핑, 충동구매는 철저히 절제한다.
대신 감정은 운동, 자연, 창작으로 다스린다.

3. '지출'을 '투자'로 바꾸는 3단계 질문

이 지출이 수익과 연결될 수 있는가?
이 소비는 자산이 될 수 있는가?
이 지출이 나를 성장시킬 수 있는가?

이 세 질문에 'Yes'가 2개 이상이라면
그건 소비가 아니라 **투자**다.

4. AI 시대의 투자 아이템

지금은 적은 돈으로도 강력한 자산을 만드는 시대다.
다음은 10만 원 이하의 투자로 자산을 만들 수 있는 예시다.

ChatGPT Pro → 매출 카피라이팅, 콘텐츠 자동화
Canva Pro → 브랜드 디자인 자산
Notion AI → 업무 시스템화

AI 영상툴 → 자동 홍보 영상 제작

온라인 강의 → 지식 자산 설계

도메인 & 웹호스팅 → 나만의 플랫폼 시작

10. AI와 함께 미래 예측 훈련하기

"미래를 예측하는 가장 좋은 방법은, 그것을 스스로 만드는 것이다." - 피터 드러커

세상은 끊임없이 변한다.
변화는 예측할 수 없을 만큼 빠르다.
그러나, 부자는 그 변화를 두려워하지 않는다.
오히려 변화를 '기회'로 본다.

그 힘의 근원은 무엇일까?
바로 '예측력'이다.
그리고 지금,
우리에겐 예측력을 강화시켜 줄 AI가 있다.

1. 왜 미래 예측이 중요한가?

사업 기회를 미리 준비할 수 있고
부동산, 주식, 자산의 사이클을 읽을 수 있으며
나와 가족의 인생 전략을 세울 수 있기 때문이다.

미래를 예측할 줄 아는 사람은
위기를 기회로 바꾸는 전략가가 된다.
반면 미래를 예측하지 못하는 사람은
항상 타이밍을 놓치며 살아간다.

2. AI는 어떻게 예측을 돕는가?

트렌드 분석

Google Trends, ChatGPT, AI 뉴스 요약 툴 등을 통해 현재 뜨는 분야와 하락하는 시장을 실시간으로 확인할 수 있다.

시장 패턴 감지

AI는 방대한 데이터를 기반으로
주식, 부동산, 창업 분야에서 **패턴 인식과 시그널 분석**이 가능하다.

시뮬레이션 훈련

AI는 다양한 조건을 넣어 결과를 예측하는 **가상 시뮬레이션**을 수행할 수 있다.
예: "2025년에 스타트업을 창업하면 어떤 시장이 유망할까?"

3. AI와 함께 미래 예측 훈련하는 법

ChatGPT에게 물어라

"5년 후 유망 직업 10가지 알려 줘"

"현재 테크 산업에서 하락세인 트렌드는?"
"2030년까지 자산이 10배 성장할 수 있는 방법은?"

AI 기반 뉴스 브리핑 구독하기
Notion, Feedly, Substack 등을 활용해
산업별 트렌드 요약을 매일 자동으로 받아보자.

변화 예측 습관화하기
매주 1시간, AI와 함께 트렌드 대화 시뮬레이션을 한다.
예: "AI가 부동산 시장에 미치는 영향", "디지털 노마드의 미래" 등

4. 미래를 준비하는 부자의 질문

앞으로 10년 후, 나는 무엇을 하고 있을까?
내가 가진 자산은 어떤 흐름에 타고 있는가?
AI, 메타버스, 로보틱스, ESG…
이 흐름 속에서 나는 어디에 있을까?
지금 준비하지 않으면 놓칠 수 있는 변화는 무엇인가?

이 질문에 대한 답을
직접 찾지 말고, AI에게 먼저 물어보자.

그러면 훨씬 더 명료한 방향성이 보인다.

예측은 부자에게 **방향**을 준다.

AI는 부자에게 **눈**을 준다.

미래를 읽는 눈을 가진 사람은 기회를 준비하고
위기에 대비하고 세상을 앞서간다.

당신이 AI와 함께 그 눈을 갖는다면,
다음 10년은 당신의 시대가 될 것이다.

자산관리와
돈 버는 습관

11. 자산과 부채 정확히 구분하기

> "자산과 부채의 개념은 부자가 되기 위한
> 가장 기초적이고도 가장 중요한 사고방식이다."

많은 사람이 이 개념을 모호하게 이해한 채
'소득은 있는데 왜 부자가 안 될까?'라는 고민을 한다.

그 핵심은 이렇다:
자산은 당신의 주머니에 돈을 넣어주고,
부채는 당신의 주머니에서 돈을 가져간다.
이 단순한 정의가 당신의 금융 인생을 완전히 바꾼다.

1. 자산과 부채의 기본 개념

자산(Asset):
→ 시간이 갈수록 가치를 유지하거나 증가하며,
→ 당신에게 현금 흐름을 만들어주는 것

부채(Liability):
→ 시간이 갈수록 가치를 소모하거나 하락하며,
→ 당신에게 지속적인 비용을 요구하는 것

2. 자산처럼 보이지만 사실은 부채인 것들

자가 주택:

→ 매달 대출 이자, 관리비, 세금

→ 실제 현금 흐름이 없고, 오히려 빠져나가는 돈

차량:

→ 감가상각, 유지비, 보험료

→ 탈수록 가치가 떨어진다.

고가의 브랜드 제품:

→ 소유하는 순간 중고가 되며, 대부분 되팔기 어렵다.

이것들은 '소유의 만족'은 줄 수 있어도
부의 축적에는 도움이 되지 않는다.

3. 진짜 자산의 조건

부자들은 자산을 이렇게 선택한다.
현금 흐름이 있다.

→ 예: 임대수익 부동산, 배당주, 저작권 수입, 구독 서비스

가치 상승 가능성이 있다.

→ 예: 우량 주식, 성장 산업 ETF, 고정 수요 부동산

타인에게 전가 가능한 구조다.

→ 예: 남이 관리해 주는 임대 시스템, 자동화된 수익 모델

이 3가지를 기준으로,
소유한 것들을 다시 점검해야 한다.

4. 자산/부채 구분 체크리스트

항목	자산?	부채?	비고
월세 받는 오피스텔	자산		수익 창출
대출 낀 자가 주택		부채	현금유출
개인 차량		부채	감가 발생
배당주 주식	자산		배당 수익
명품 시계		부채	되팔기 어려움
수익형 블로그	자산		자동 수익

5. 실전 전략: 내 자산/부채 구조 분석하기

1) 당신이 가진 **모든 물리적/디지털 자산 목록**을 작성한다.
2) 그것이 매월 **얼마의 현금 유입/유출**을 만들어내는지 적는다.
3) "지금 이 항목은 자산인가, 부채인가?" 질문하며 **구분표를 만든다.**

6. AI로 자산/부채 진단하기

"내가 가진 자산 목록을 기반으로 부의 흐름을 진단해 줘."
"차량 유지비와 월세 부동산의 ROI를 비교 분석해 줘."
"부채를 줄이고 자산을 늘릴 수 있는 최적 전략은?"

AI는 단순 계산을 넘어,
숫자 뒤에 숨겨진 패턴과 인사이트를 함께 보여준다.

12. 지출 분석 AI 활용하기

현대 사회에서 돈이 새는 가장 큰 이유는 "어디에 얼마나 쓰는지 모른다"는 데 있다.

자산을 늘리는 데 집중하기 전에,
지출을 통제하는 기술부터 익히는 것이 부자 마인드의 핵심이다.
AI 기반 지출 분석 도구 활용이 시간과 돈 절약이다.

1. 왜 지출 분석이 중요한가?

부자들은 "돈을 얼마나 버느냐"보다
"돈이 어디로 흐르느냐"에 더 민감하다.
지출 분석은 세 가지를 알려준다:

지출 패턴:
→ 매월 반복되는 소비 습관

낭비 요소 발견:
→ 불필요한 정기 구독, 중복 소비

현금 흐름 최적화:
→ 투자로 전환 가능한 여유 자금 발견

지출을 파악하지 못한 상태에서 자산을 늘리면
바닥이 없는 독에 물 붓기일 뿐이다.

2. AI 지출 분석 도구의 장점

과거엔 직접 쓰고 계산해야 했다.
이제는 AI가 자동으로 분석하고 알려주는 시대다.

주요 기능:
카드, 계좌 연동 자동 분석
카테고리별 소비 내역 시각화
낭비 항목 감지 및 경고
정기 결제 알림 및 해지 추천
소비 트렌드 예측 및 조언

대표적인 서비스:
뱅크샐러드, 토스, 머니트리, 챗GPT 플러그인 기반 가계부 자동화 등

3. 실전: AI로 지출 분석하는 5단계

수입과 지출 계좌 연결하기
→ 모든 수입/지출을 AI가 자동 추적하게 만든다.

소비 카테고리 설정 및 분류
→ 식비, 교통비, 구독, 쇼핑, 투자 등
→ AI가 자동으로 항목을 분류해 준다.

불필요한 소비 감지 기능 활성화

→ 예: "3개월간 사용하지 않은 넷플릭스, 해지할까요?"

월별 리포트 확인 및 피드백 받기

→ AI는 이상 지출을 분석해 맞춤형 조언을 제공

예산 한도 설정 및 경고 설정

→ 카테고리별 예산 초과 시 알림을 주도록 설정

4. 소비를 투자로 전환하는 전략

지출 분석은 단순히 "줄이는 것"이 목적이 아니다.
낭비를 찾아내고, 투자 가능한 돈으로 바꾸는 것이 핵심이다.

5. 챗GPT를 활용한 커스터마이징 예시

다음과 같은 프롬프트로 활용할 수 있다:
"지난 3개월 소비 패턴을 기반으로 낭비 항목을 정리해 줘."
"현재 예산으로 가장 먼저 줄일 수 있는 카테고리는?"
"투자 여유금으로 전환 가능한 소비는?"
"지출 대비 수익의 비율이 불균형한 항목 알려 줘."
챗GPT는 단순히 데이터 분석을 넘어서
습관 교정까지 돕는 지능형 조언자가 될 수 있다.

6. 지출 분석 AI의 미래

앞으로는 AI가 단순한 분석을 넘어,

실시간 소비 피드백과 자동화 소비 차단 기능까지 탑재될 것이다.

예를 들어:

쇼핑 앱 사용 시간이 길어지면 경고

불필요한 구매 예상 시 대체 투자 옵션 제시

소비 유혹 패턴 감지 시, 브라우저 제한 모드 작동

13. 자동화된 예산 관리 시스템 구축

부자들은 단순히 "돈을 안 쓰는 사람"이 아니라, 돈의 흐름을 '시스템화'한 사람들이다.

예산은 수동으로 작성하는 것이 아니라,
이제는 AI와 도구를 통해 자동화하는 시대다.

1. 자동화의 핵심: 감정이 아닌 규칙

사람은 감정의 동물이다.
지출이나 소비는 그날 기분, 피로, 유혹에 따라 달라진다.
자동화는 이런 '감정의 오류'를 원천 차단한다.
예: 월급 받자마자 투자 계좌로 자동이체
　　고정지출은 정해진 날짜에 자동 납부
　　예산 한도 초과 시 소비 제한 알림

2. 자동 예산 시스템을 구성하는 4가지 요소

소득 자동 분배 시스템
월급 또는 수익이 입금되면 자동으로
예: 50% 생활비
   30% 투자
   10% 교육
   10% 비상금 계좌로 분산

AI 기반 가계부 연동
앞서 설명한 지출 분석 도구에 예산 한도를 연동
카테고리별 소비 한도 도달 시 실시간 경고

예산 초과 방지 트리거 설정
예: "외식비가 이번 달 예산의 90%에 도달했습니다.
다음 식사는 집밥으로 어떨까요?"

투자 및 저축 자동화
매월 지정일에 투자처로 자동이체
예: ETF, 적금, 부동산 소액 투자 플랫폼 등

3. 자동화 시스템을 실전에서 구축하는 방법

Step 1. 자금 흐름을 4가지로 나눈다.
① 필수 지출

② 투자

③ 자기 계발

④ 비상금 및 소비

Step 2. 은행/증권사 계좌를 목적별로 분리한다.

생활비 계좌, 투자 계좌, 자기 계발 계좌 등

→ 하나의 계좌에서 모든 걸 하면 흐름이 보이지 않는다.

Step 3. '자동이체' 스케줄을 설계한다.

급여일 기준으로 분배 → 각 계좌로 자동 이동

Step 4. AI 가계부 앱과 연동한다.

예산 편성 + 소비 트래킹 → 자동 보고서 생성

예산 초과 시 소비 습관 피드백 수신

Step 5. GPT 프롬프트를 통한 분석 반복

"이번 달 예산 내에서 가장 개선이 필요한 지출 영역은?"

"다음 달 목표에 맞는 투자 자동이체 스케줄을 짜 줘."

4. 부자들은 감정이 개입되지 않도록 만든다

예산이 없거나 매번 수기로 작성하는 사람은,

언제나 소비의 유혹에 흔들린다.

반면 부자는 말한다:

"내 감정이 아니라, 시스템이 내 돈을 움직이게 한다."

자동화된 예산 관리 시스템은
바쁜 일상 속에서도 경제적 습관을 꾸준히 유지할 수 있는 '행동 설계 도구'이다.

5. 확장 예시: 100억 부자를 위한 고급 자동화

자산관리사 + GPT 조합
→ 전문 자산관리사 전략을 AI로 반복 학습하고 분석

고소득자용 다계좌 분산 예산 시스템
→ 법인 운영비, 투자 계좌, 절세용 계좌까지 자동 분배

AI 알림 기반 소비 리스크 예측
→ 예: "이번 달 고정 지출 증가 경향이 있습니다."

14. 소비 패턴의 최적화

**"돈을 안 쓰는 것이 중요한 것이 아니라,
어디에, 왜 쓰는지를 아는 것이 더 중요하다."**

부자들은 절약보다 '최적화'를 택한다.
즉, **가치를 만드는 소비**에는 아낌없이 투자하고,
낭비가 되는 소비는 철저히 제거한다.

1. 당신의 소비 패턴, 알고 있나요?

대부분의 사람들은 "돈이 어디서 빠져나갔는지" 모른다.

눈에 띄지 않는 반복적인 지출

→ 구독료, 소소한 간식비, 반복되는 택시비, 충동 쇼핑

→ 이 모든 건 "적은 돈" 같아 보이지만,

합치면 **매달 수십만 원에서 백만 원까지도 새고 있다.**

2. 소비 패턴을 최적화하는 3단계

① 분석 → ② 기준 설정 → ③ 자동화, 알림 시스템 구축

1) Step 1. 소비 분석

AI 가계부 앱 + 카드 내역 자동 연동

최근 3개월 소비를 카테고리별로 분석

예: 외식 32%, 쇼핑 20%, 교통비 10%, 구독료 8% 등

가장 '불필요한' 소비는 무엇인가?

가장 '가치를 창출하는' 소비는 무엇인가?

예: 책, 교육, 자기 계발 → **필요한 소비**

매일 시켜 먹는 야식, 필요 없는 온라인 쇼핑 → **비효율 소비**

2) Step 2. 소비 기준 설정

"내 소비를 3가지로 나눈다."

가치를 창출하는 소비:

교육, 경험, 건강, 인간관계

유지 비용 소비:

식비, 교통, 통신, 주거 등

감정적 소비/낭비성 소비:

스트레스 해소용 쇼핑, 명확한 목적 없는 구독료 등

→ 세 번째 소비를 '경고 대상'으로 지정

→ 첫 번째 소비는 예산 범위 내에서 장려

3) Step 3. 소비 통제 자동화

소비 한도 설정: 예를 들어 외식비 30만 원

AI가 자동 알림: "외식비가 예산의 90%에 도달했습니다."

충동구매 차단 프롬프트

→ "이 지출은 30일 뒤에도 필요할까요?"

→ "지금 이걸 사면 어떤 가치를 얻게 되나요?"

구독 서비스 정리 도우미

→ 미사용 중인 넷플릭스, 음악 서비스 등 정리 유도

3. 소비 최적화 도구 추천

뱅크샐러드, 토스, 머니트리: 소비 분석, 예산 관리

GPT 프롬프트 활용 예

"지난달 내 지출에서 줄일 수 있는 영역을 분석해 줘."

"이번 달 투자 여력을 확보하려면 무엇을 줄이면 좋을까?"

카드사 분석 리포트도 참고 가능 → 월별 소비 경향 비교

4. 최적화의 핵심은 '의식 있는 소비'

부자들은 돈을 '아껴 쓰는' 것이 아니라

'내게 도움이 되는 것'에만 쓰도록 설계한다.

감정적 소비 → 자동 차단

가치 소비 → 선별 허용

지출 패턴 → AI로 반복 학습

→ 이 모든 과정을 **의식이 아니라 시스템이 알아서** 처리

5. 실행 예시: 월급 500만 원인 직장인의 소비 최적화

월급 입금 시 자동 분배

200만 원 생활비, 150만 원 투자, 50만 원 자기 계발

100만 원 비상금 · 저축

생활비 200만 원은 4개 소비 카테고리로 나뉨

식비 50만 원, 교통비 20만 원, 외식비 30만 원

여가 및 기타 100만 원→ 각 항목에 AI 소비 경고 설정

15. 절약보다 효율에 집중하라

"절약은 한계가 있지만, 효율은 무한히 확장될 수 있다."

'부자가 되는 길'에서 많은 사람들이 빠지는 착각이 있다. 바로 "돈을 아끼면 부자가 된다."는 믿음이다.

하지만 실제로 부자들은 '절약'보다 **시스템적 효율성**에 더 집중한다.

1. 절약의 한계

하루에 커피 한 잔 덜 마신다고 부자가 될까?
1만 원, 2만 원 아끼느라 **시간과 에너지를 소모하면**
오히려 **기회비용**이 더 크다.
→ 절약은 '당장의 지출'은 줄일 수 있지만
→ **부를 만드는 구조 자체를 바꾸진 못한다.**

2. 효율적 사고의 핵심은 ROI

부자들은 모든 선택에서 이렇게 묻는다:
"내가 지금 이 시간, 이 돈을 쓰면
얼마나 수익(Return)을 낼 수 있을까?"

즉,
1시간을 어디에 쓸 것인가?
10만 원을 어디에 쓸 것인가?
그 선택이 **나에게 어떤 결과를 가져다줄 것인가?**

3. 절약형 vs 효율형 사고의 예시

상황	절약형 사고	효율형 사고
교통비 아끼기	버스를 2번 갈아타고 간다	택시 타고 시간 아끼고 그 시간에 부수입 활동
인건비 아끼기	직접 청소, 직접 정리	아웃소싱하고, 남는 시간에 고객 응대 · 콘텐츠 제작
마케팅비 절약	홍보 안 하고 입소문 기다림	광고비 집행해서 유입 늘리고 전환율 분석

→ 돈을 쓰더라도 **더 많은 가치를 회수한다면** '투자'다.

4. 부자의 시간 vs 일반인의 시간

부자들은 **시간당 생산성**을 중시한다.
내가 하는 일이 1시간에 얼마를 벌게 하는가?
내가 하지 않아도 되는 일은 누구에게 맡길 수 있을까?

AI 도구와 **자동화 시스템**은 이 질문에 강력한 답이 되어준다.

5. AI로 효율성을 10배 끌어올리는 법

AI 챗봇에 단순 업무 위임
→ 이메일 응답 초안 작성, 요약, 정리
시간 추적 앱으로 비효율 분석
→ 하루의 30% 이상이 '의미 없는 반복 업무'일 수 있음

콘텐츠 제작 자동화

→ 블로그, 뉴스레터, 영상 스크립트 자동 생성

업무 자동화 툴 연계 (예: Zapier, Notion AI, ChatGPT)

→ 반복되는 예약, 보고서, 계산은 자동화

6. 실행 전략

당신의 하루를 기록하라

어떤 일을 하고 있었는가?

그 일이 당신의 부에 얼마나 기여했는가?

ROI가 낮은 일을 찾아라

시간만 잡아먹고 수익과 무관한 업무

감정적으로는 좋아 보여도 효율이 낮은 소비

자동화 또는 위임하라

'내가 하지 않아도 되는 일'은 반드시 위임

가치 있는 일에만 집중하라

관계, 학습, 시스템 구축, 수익 구조 개선 등

16. AI 기반의 수입 다각화 전략

"하나의 수입원에만 의존하는 사람은 그 수입원이

끊기는 순간 모든 것이 무너질 위험에 노출된다."

부자들은 항상 **수입을 여러 갈래로 분산**시킨다.
AI를 접목, 그 속도와 효율이 10배 이상 상승할 수 있다.

1. 왜 수입 다각화가 중요한가?

경제 위기, 실직, 사업 실패 등의 **리스크 분산**
수입의 안정성 확보
다양한 영역에서의 **기회 탐색과 성장 가능성**
부의 파이프라인을 **자동화 · 복리화**하는 핵심 수단

2. 전통적인 수입 다변화의 한계

모든 수입원을 스스로 관리해야 하기에 **시간과 체력의 한계**
어떤 것이 효과적인지 판단하기 어려움
시도는 해도 수익화까지의 **실행 전략 부재**
→ 이 모든 한계를 AI **도구**가 해결해 줄 수 있다.

3. AI로 수입 다각화를 실행하는 전략

1) 수익 기회 탐색 자동화

ChatGPT, Perplexity:
"내 상황에 맞는 N잡 아이템 10가지" 요청
→ 최신 트렌드 기반 수익 아이디어 추천

Google Trends + AI 분석:

급성장 키워드 + 틈새시장 분석

→ 진입 타이밍 예측

2) 수익 가능성 예측

NoCode AI 툴(예: Pictory, Canva AI, Lumen5 등)**:**

→ 영상 콘텐츠 실험 & 제작

AI로 수요 · 트래픽 분석:

→ YouTube, 블로그, 쇼핑몰 등 어떤 플랫폼이 가장 유망한가?

3) 자동화된 수익 구조 설계

YouTube 채널 + AI 스크립트 생성 + AI 영상 편집

→ 영상형 수익 구조

전자책 쓰기 + 표지 디자인 + AI 교정 + 자동 판매

→ 지식형 수익 구조

블로그 + ChatGPT 자동 글쓰기 + 광고 연동

→ 콘텐츠형 수익 구조

스톡 이미지/음원 + AI 도구로 제작 후 업로드

→ 로열티형 수익 구조

4) 지속 가능성 분석

AI가 자동으로 **수익 흐름 리포트 생성**

각 파이프라인의 ROI 측정 → 비효율 제거

강화할 소득원 vs 정리할 소득원 구분 가능

4. 실행 순서 예시

현재 상황 진단
주요 수입원, 시간 여유, 관심사 파악

AI로 수입 아이디어 브레인스토밍
ChatGPT에게: "월 100만 원 이상 수익 가능한 사이드잡 추천"

테스트형 MVP 수익모델 구축
전자책 1권 제작, 유튜브 영상 5개, 블로그 10개 등

자동화 구조 도입
반복 작업을 Zapier, Notion, ChatGPT 등으로 자동화

성과 분석 및 리밸런싱
AI 보고서로 수익성과 성장성 분석

가장 효과적인 파이프라인 강화

5. 실전 예시

수익모델	AI 적용 방법	수익 흐름
유튜브	스크립트 생성 + 영상 편집	광고 수익, 제휴 마케팅
전자책	AI로 글쓰기 + 디자인	판매 수익, 패키지 판매
블로그	ChatGPT 자동 포스팅	애드센스, 스폰서
강의	AI로 커리큘럼 구성	강의료, 플랫폼 수익
디자인	AI 아트툴로 상품 제작	굿즈 판매, 스톡 이미지 수익

17 현금흐름 중심 자산 구성법

> "대부분의 사람들은 총자산의 크기에 집착하지만,
> 진짜 부자들은 언제나 현금이 흐르는 자산에 집중한다."

자산은 많지만 매달 쓸 돈이 부족하다면,
그건 부자가 아니라 '자산 가뭄 상태'일 뿐이다.

1. 자산은 '흐름'이 중요하다.

현금이 **지속적으로 들어오는 자산**이 바로 부의 핵심
수십억 부동산보다 매달 현금 500만 원이 더 유용도 있음
현금흐름은 안정적인 투자와 생활의 토대

2. 현금흐름 자산 vs 비현금 자산

구분	예시	특징
현금흐름 자산	월세 부동산, 배당주, 콘텐츠 수익, 자동화된 온라인 비즈니스	매월 현금이 들어옴
비현금자산	시세차익용 부동산, 미술품, 금, 비트코인	팔기 전엔 돈이 안 됨

→ 진정한 자산 구성은 이 둘의 **균형과 전략적 비율**이 핵심.

3. 현금흐름 중심 자산의 장점

위기에도 **현금이 버텨줌**

재투자 여력 확보

심리적 안정과 계획적인 소비 가능

복리 효과를 만들 수 있는 유일한 기반

4. AI로 현금흐름 자산 분석하기

ChatGPT에게 묻기

"현금흐름을 잘 만들어주는 자산군을 나에게 맞게 추천해 줘"

→ 맞춤형 자산군 제시

AI 가계부 분석 툴

현금 유입/유출 트렌드 파악

→ 어떤 자산이 '진짜 돈을 벌어주는지' 파악 가능

AI 투자 시뮬레이터

월세 수익, 배당 수익, 콘텐츠 수익 등 예측

→ 미래 수익모델 설계에 도움

5. 실전 적용: 현금흐름 자산 구성 전략

1) 월세형 부동산

소형 오피스텔, 빌라, 원룸 등

월세 수익 50만~200만 원 단위로 흐름 확보

AI로 공실률 · 입지 · 수익률 예측 가능

2) 배당주 중심의 주식 포트폴리오

고배당 ETF, 우량주 중심

분기/반기/연 단위 배당 수익 발생

주가 변동에 상관없이 꾸준한 흐름 확보

3) 자동화된 온라인 수익 모델

YouTube, 블로그, 전자책, 강의 등 AI 툴로 자동화 가능

콘텐츠가 자산이 되어 꾸준히 수익 창출

4) 디지털 자산 수익화

NFT 렌탈, DeFi 스테이킹, 자동화된 디지털 노드 운영 등

주기적으로 이자 또는 수익 분배 발생

6. 실행 순서

현재 보유 자산 점검

총자산 중 현금흐름 비율 계산

비현금 자산 중 일부를 흐름형으로 전환

공실 부동산 → 월세형 구조 개편

시세차익 중심 주식 → 배당형으로 리밸런싱

현금흐름 자산 자동화

콘텐츠 자동 생성, 부동산 관리 시스템, 배당 포트폴리오 자동 리밸런싱

AI 기반 현금흐름 대시보드 구축

매달 들어오는 돈 vs 나가는 돈을 한눈에 파악

새로운 투자 결정에 도움

18. 부자들이 사용하는 계좌 시스템

"부자들은 돈이 들어오자마자 써버리지 않는다."

그들은 철저하게 **"돈의 흐름"**을 설계한다.
핵심은 **용도별 계좌 분리**다.
즉, 하나의 통장에서 모든 걸 처리하지 않는다.

1. 왜 계좌 분리가 중요한가?

돈이 어디서 들어오고, 어디로 나가는지 **명확하게 파악 가능**
소비와 투자의 경계를 **자동으로 분리**
심리적 지출 통제가 쉬워짐
습관적으로 돈이 쌓이는 구조 형성

2. 대표적인 부자 계좌 시스템 구성 예시

계좌명	용도
수입 계좌	월급, 수익 등 모든 현금 유입 통로
생활비 계좌	식비, 교통비, 고정비 등 월 고정 지출
소비/ 즐김 계좌	카페, 외식, 쇼핑 등 변동 지출 전용
투자 계좌	주식, 코인, 부동산 등 모든 투자 지출
비상금 계좌	의료비, 사고 등 예기치 못한 상황 대응
기회 자산 계좌	좋은 투자처가 생겼을 때 즉시 투입
기부 및 감사 계좌	나눔과 축복을 위한 목적성 지출 전용

→ 이처럼 7개로 나누는 구조는, 자산을 전략적으로 움직이는 데 큰 도움이 된다.

3. 계좌 분리의 실전 효과

수입은 흐름별로 자동 분배
지출은 한도 내에서만 소비, 무분별한 결제 방지
투자금은 생활비와 분리되어 리스크 최소화
감사 계좌는 돈의 흐름에 영적 축복을 더함

4. AI와 자동화 시스템 접목

자동이체 시스템 구축
→ 월급이 들어오면 AI가 용도별 계좌로 자동 분배

지출 예산 초과 알림
→ 각 계좌의 월 한도를 초과하면 AI가 경고 메시지 발송

AI 가계부와 연동
→ 수입-지출-투자의 흐름을 한눈에 시각화 (대시보드 형태)

이상 지출 패턴 감지
→ AI가 평소와 다른 소비 패턴을 실시간 분석 및 리포트

5. 실천 방법과 순서

현재 사용 중인 계좌 점검
하나의 계좌로 모든 걸 해결하고 있다면 즉시 분리 계획 수립

계좌를 목적별로 개설 (5~7개)

은행 앱에서 서브 계좌 개설로도 충분

자동이체 시스템 설정

월급일 or 수입 발생일 기준으로 각 계좌에 자동 분배 설정

AI 가계부 또는 가상비서 활용

예산 초과 경고, 리포트, 소비 분석 등을 자동화

한 달 테스트 후 조정

각 계좌의 한도나 분배 비율 조정 (ex. 투자 비중 늘리기)

6. 고급 전략 팁

카드를 계좌별로 따로 연결

→ 생활비용 체크카드, 소비용 신용카드 등 실전에서 더 직관적

투자 계좌는 증권사, 코인거래소와 직결

→ 수익 재투자 및 출금 흐름까지 최적화

기회 계좌는 따로 쳐다보지 말기

→ 비상금과 마찬가지로 손대지 않는 자산 유지

19. 세금 최적화 전략

"부자일수록 세금에 민감하다."

왜냐하면 벌면 벌수록 세금이 눈덩이처럼 불어나기 때문이다.

1. 세금을 '줄이는 것'이 아니라 '최적화'하는 것

불법 탈세가 아닌, **합법적인 절세 전략**이 중요
정부가 제공하는 **세제 혜택**과 **공제 항목**을 전략적으로 활용
개인과 법인의 세금 체계를 구분하고 계획 수립

2. 대표적인 세금 최적화 방법

전략	설명
소득 분산	배우자, 자녀, 가족 법인 등을 통해 소득을 나눔
경비 처리 극대화	사업자 등록 후 활동 비용을 경비로 전환
세액 공제 최대 활용	연금, 보험, 기부금, 교육비 등 공제 항목 최대한 활용
법인 전환 고려	개인보다 유리한 법인세율 활용 (특히 소득이 일정 수준 넘을 때)
부동산 절세	1가구 1주택 비과세, 장기보유특별공제, 임대사업자 등록
AI 세무 서비스활용	항목 자동 분류, 실시간 공제 계산, 누락 방지 기능 탑재

3. 자주 놓치는 절세 기회

신용카드 vs 체크카드 공제 차이
→ 소득공제율은 체크카드가 더 유리함

간이과세자 선택
→ 매출이 적은 1인 창업자에게 유리한 세금 제도

사업용 계좌 등록 안 한 경우

→ 세금 감면이나 경비 인정이 어려워짐

가족에게 월급을 지급하지 않는 경우

→ 인건비 처리로 절세 가능했지만 기회를 놓침

4. AI 기반 절세 자동화 전략

AI 세무 비서 활용

→ 매달 경비, 수입, 공제 항목 자동 추적

세금 리스크 분석 시스템

→ 불필요한 세금 납부를 막아줌

AI 신고 자료 자동 작성

→ 복잡한 종합소득세, 부가세 신고도 클릭 몇 번이면 끝

세무사 연동 시스템

→ 실시간 자료 전달 및 피드백 자동화

5. 실천 순서

소득 구조 분석

내 수입원, 지출, 경비 항목을 구체적으로 파악

세금 항목 점검

어떤 세금을 얼마나 내고 있는지 체크 (소득세, 부가세, 종부세 등)

세무사 또는 AI 플랫폼 상담

전문가의 시선으로 절세 가능성 진단

소득 분산 및 법인화 검토

필요시 가족, 공동사업자, 법인 설립으로 소득 재설계

경비/공제 자동화 시스템 도입

AI 세무 앱 또는 웹 기반 플랫폼 사용

6. 고급 전략 팁

임대소득이 있다면?

→ 주택 임대 사업자 등록 후 2천만 원까지 비과세 혜택

1인 기업이라면?

→ 접대비, 교통비, 통신비, 교육비 등을 경비 처리 가능

프리랜서라면?

→ 간이과세자+종합소득세 공제를 적극 활용

법인 운영 중이라면?

→ 대표자 급여+퇴직금+배당 조합으로 세율 최적화

20. 비상금 관리 AI 시스템

"돈이 많든 적든, 반드시 필요한 것이 비상금이다."

예상치 못한 사고나 기회는 예고 없이 찾아오고, 그때 현금이 있는 사람만이 대응하거나 선점할 수 있다.

비상금은 단순히 여유 자금이 아니라, 심리적 안정감을 주는 **재무적 방패다.**

1. 비상금의 개념 다시 보기

흔히들 "한두 달 치 생활비 정도면 된다."고 생각하지만, 실제로는 개인의 **라이프 스타일**, **수입의 변동성**, **가족 구성**에 따라 비상금 규모는 다르게 설계되어야 한다.

직장인의 경우 12개월치를 기준으로 잡는 것이 안전하다.

2. 비상금 계좌는 '절대 손대지 않을 곳'에

비상금은 투자와는 다르다. 수익을 내는 것이 목적이 아니라 "언제든 꺼내쓸 수 있어야 하는 안전한 자금"이다.

따라서 높은 이율보다 **출금이 자유로운 CMA**, **입출금 통장**, **단기예금** 등으로 분리하여 보관해야 한다.

핵심은 **일반 생활비 통장과 섞지 않는 것**, 그리고 **심리적으로 손대기 어렵게 만드는 장치**를 마련하는 것이다.

3. AI 기반 비상금 관리의 장점

비상금도 기술과 함께 관리할 수 있다.

AI 시스템을 도입하면 **지출 추적, 저축 스케줄링, 경고 알림**까지 자동화할 수 있어 번거로움 없이 비상금을 누적시킬 수 있다.

예를 들면 이런 방식이다:

매달 고정지출 패턴을 AI가 분석하고, **남는 금액을 자동 저축**으로 돌려준다.

비상금 사용 시에는 푸시 알림을 보내 "이 금액은 비상금입니다. 정말 필요합니까?"라고 한 번 더 생각하게 만든다.

혹은 특정 조건(수입이 평소보다 10% 이상 줄어들었을 때 등)이 충족되면, AI가 자동으로 경고 메시지를 발송하고 소비를 조절하도록 유도한다.

4. 비상금 관리 실천 단계

월평균 지출 파악
AI 가계부 앱이나 예산관리 툴을 통해 자신의 소비 성향을 분석

최소 3개월치 생활비 산정
고정비 위주로 계산 (주거비, 식비, 보험료 등)

비상금 전용 계좌 개설 및 자동이체 설정
일반 생활비 계좌와 철저히 분리

AI 기반 자동 저축 시스템 연동
'카카오뱅크 세이프박스', '토스 저축 챌린지', '핀트 자동 잔돈저축' 등 활용 가능

사용 기준 명확히 설정
실직, 사고, 건강, 가족의 급한 지출 외에는 사용 금지

정기 점검 및 목표금액 도달 후 리밸런싱
비상금이 기준 이상으로 쌓이면 일부는 단기 투자로 전환해도 좋다.

5. 비상금도 투자처럼 전략적으로 다루어야 한다

비상금은 단순히 쌓아두는 게 목적이 아니라, **안정성과 유동성이라는 '가치'를 지키기 위한 전략적 관리 대상이다.**

특히, 소득이 불안정하거나 가족의 생계를 책임지는 사람일수록 AI 기술을 활용한 자동화 시스템은 훨씬 더 강력한 방패가 되어준다.

수익 다변화 전략

21. 파이프라인 소득 만들기

"파이프라인 소득은 한 번 만들어 놓으면 시간이 지나도 꾸준히 들어오는 자동화된 수익 구조를 의미한다."

마치 수도관을 설치해 두면 매일 물이 흘러나오듯,

이 구조를 만들어두면 내가 일하지 않아도 일정한 수입이 발생하게 된다.

이것이 바로 부자들이 자는 동안에도 돈을 버는 비결이다.

1. 시간 vs 돈: 일의 속박에서 벗어나는 법

대부분의 사람들은 '노동시간'을 돈으로 바꾸며 살아간다.

하지만 파이프라인 소득은 "노동력"이 아니라 "시스템"이 돈을 벌게 만든다.

이것은 결국 **시간에서 자유로워지는 길**이다.

한 번 구축한 시스템이 내가 직접 일하지 않아도 수익을 내기 때문이다.

2. 파이프라인 소득의 종류

파이프라인은 한 가지만 있는 게 아니다. 다음은 대표적인 사례들이다.

콘텐츠 수익화: 유튜브, 블로그, 전자책 등이 대표적이다. 한 번 제작한 콘텐츠는 시간이 지나도 조회수나 판매로 수익이 쌓인다.

디지털 상품 판매: E-BOOK, 강의, 디자인 템플릿 등. 재고나 배송 없이 자동으로 팔 수 있다.

구독 모델: 뉴스레터, 멤버십 서비스, 온라인 클래스 등 매달 정기 결제 시스템

자동화된 마케팅 시스템을 통한 제휴 수익(예: Amazon, 쿠팡 파트너스, 인플루언서 링크 등)

앱, 웹서비스 운영: 초기 개발 후 광고나 결제 시스템으로 지속 수익 유도

투자형 수익: 배당금, 임대료, 자동화된 주식·코인 거래 수익도 넓은 의미의 파이프라인이다.

3. AI를 활용한 파이프라인 구축 전략

AI는 시간과 리소스를 최소화하면서도 최대의 결과를 이끌어낼 수 있게 해준다.

콘텐츠 아이디어 발굴: AI가 검색 트렌드와 경쟁 콘텐츠를 분석해 준다

영상·글 자동 생성: ChatGPT, Pictory, Lumen5 등 활용

마케팅 자동화: 이메일, SNS, 광고 타겟팅을 AI가 실행

수익 분석 및 최적화: 어떤 콘텐츠가 얼마를 벌었는지 자동 리포팅

고객 반응 분석: 어떤 포맷이나 주제가 잘 먹히는지도 학습 가능

이 모든 작업이 자동으로 돌아가면, 나의 파이프라인은 거의 **무인 수익 공장**처럼 작동한다.

4. 실행 순서

관심 분야 선정

내가 좋아하고, 수요가 있으며, 콘텐츠화할 수 있는 주제를 선택

플랫폼 및 수익 구조 설계

유튜브, 강의, 전자책, 앱, 뉴스레터 등 어떤 방식으로 수익화할지 결정

콘텐츠 또는 시스템 제작

초기 노력은 필수. 그러나 '반복 제작'이 아닌 '반복 수익'을 목표로 한다.

AI 도구를 연동한 자동화 시스템 구축

콘텐츠 제작, 배포, 마케팅, 수익 관리까지 자동화 흐름 설정

성과 분석 및 개선 반복

수익이 나는 구조를 발견하면, 그 모델을 확대하고 개선한다.

5. 가장 중요한 포인트

파이프라인 소득을 만들기 위해 처음에는 **에너지와 시간이 많이 들 수도 있다.**

하지만 핵심은 "지속 가능한 수익 구조를 한 번에 잘 설계하는 것"이다.

한 번 성공 모델이 생기면, 그 다음은 '복제'하고 '확장'하는 작업만 남는다.

이것이 진짜 부자들이 시간을 사고, 삶을 여유롭게 꾸리는 방식이다.

22. 사이드 비즈니스 시작하기

"사이드 비즈니스는 말 그대로 본업 외에 부수적으로 수익을 창출하는 일을 의미한다."

하지만 단순한 부수입이 아닌, 나중엔 본업 이상의 수익을 만들어줄 수 있는 **두 번째 엔진**이 될 수도 있다.

부자들은 항상 **여러 개의 엔진을 돌리는 사람들**이다.

1. 사이드 비즈니스가 필요한 이유

한 가지 수입원에만 의존하는 삶은 매우 위험하다.

회사나 산업의 변화, 건강 문제, 경기 침체 등 어떤 일이 닥쳐도 **나를 지켜줄 또 다른 수입의 줄기**가 필요하다.

사이드 비즈니스는 단순한 돈벌이를 넘어서 삶**의 안정성과 성장 가능성**을 동시에 준다.

2. 어떤 사이드 비즈니스를 시작해야 할까?

사이드 비즈니스는 다음과 같은 기준으로 접근하면 좋다.

- 내 경험, 관심사와 연결된 분야일 것
- 비용 부담이 낮고, 리스크가 적을 것
- 작게 시작해도 확장 가능할 것

온라인 기반으로 시간과 장소 제약이 적을 것

자동화 혹은 AI 접목이 가능한 구조일 것

3. 추천 사이드 비즈니스 아이디어

디지털 제품 판매: 전자책, 노션템플릿, 디자인 소스

온라인 강의 및 코칭: 특정 지식이나 기술을 강의로 패키징

유튜브 / 블로그: 개인 브랜드 기반 콘텐츠 수익화

리셀 비즈니스: 네이버 스마트스토어, 쿠팡 파트너스, 당근 · 번개장터

AI 툴 기반 서비스: ChatGPT 프롬프트 디자인, AI 이미지 제작 대행

N잡 플랫폼 활용: 크몽, 탈잉, 숨고 등에서 재능을 판매

해외 직구, 구매대행: 아마존, 알리익스프레스 활용 무자본 창업

4. 사이드 비즈니스 실행 순서

무자본 혹은 저자본 아이템 선정
시간과 에너지만 있으면 되는 구조부터 선택한다.

수익 구조와 목표 설정
매월 얼마의 수익을 목표로 할지 설정 시 동기 부여가 크다.

작게 실험하고 검증하기
첫 고객을 만나고, 피드백을 받아가며 개선해 나간다.

AI와 자동화 접목하기

챗봇, 자동응답, 예약시스템, 콘텐츠 자동화 툴 등 적극 활용

수익 패턴이 잡히면 확장하기
하나의 작은 성공 모델을 크게 키워나가는 단계다.

5. 시간을 잘게 쪼개는 기술

사이드 비즈니스는 **한정된 시간을 잘 활용하는 자가 성공한다.**
출퇴근 시간, 주말 오전, 잠들기 전 1시간이라도 꾸준히 투자하면 6개월 뒤에는 **하나의 강력한 자산이 되어 돌아온다.**

AI 도구들은 시간을 절약하는 최고의 파트너다.
예를 들어, 콘텐츠 기획과 제작, 마케팅, 고객 응대 등 거의 모든 과정을 반자동화할 수 있다.

6. 주의할 점

너무 많은 아이템에 손대지 말자.
하나를 정하고 집중하는 것이 중요하다.
일단 시작하면 **포기하지 않고 3~6개월은 몰입**해 보자.
그 시간이 지나야 진짜 수익 패턴이 보인다.
본업에 지장을 주지 않게 일정과 에너지를 조율하자.

23. AI로 N잡 분석 및 선택

"이제는 하나의 직업만으로는 부족한 시대다.
본업 외에도 다양한 수익의 가능성을 탐색하고
실현하는 'N잡러'가 부의 시대를 선도하고 있다."

여기서 중요한 것은 **무작정 여러 일을 벌이는 것이 아니라, 내게 맞는 N잡을 '정확히 분석하고 선택'**하는 일이다.

이때 AI는 강력한 나침반이 되어준다.

1. N잡의 선택 기준: 감이 아닌 데이터

대부분 N잡을 선택할 때, 감이나 주변의 조언에 의존하는 경우가 많다.

하지만 실제로는 **데이터 기반의 선택이 실패 확률을 줄이고 성공 확률을 높인다.**

AI는 바로 이 '데이터 기반 분석'을 쉽게 만들어준다.
시장 트렌드, 수익 가능성, 투자 시간 대비 효율, 내 역량과의 적합도까지 모두 AI를 통해 빠르게 확인할 수 있다.

2. AI로 N잡을 분석하는 핵심 도구들

ChatGPT / Claude: 시장 동향 분석, 아이디어 확장, 경쟁사 분석

Google Trends: N잡 주제의 관심도 변화 파악
Notion AI: 비즈니스 플랜 자동화 작성
YouTube, 블로그 AI 분석 도구: 콘텐츠 수익 가능성 예측
크몽 / 탈잉 / 숨고: 수요 높은 재능 분석 및 수익률 예측
Excel + AI 플러그인: 투자 대비 수익 분석 시뮬레이션

예를 들어, "온라인 강의"를 N잡으로 고려한다면
AI로 검색량, 경쟁 강도, 키워드 수익성, 대상 타깃 등을 종합 분석할 수 있다.

3. 나에게 맞는 N잡 찾는 질문들

AI에게 아래 질문을 던져보자.
의외로 명확한 답을 제시해 준다.

내 경력/전문성을 활용할 수 있는 수익 활동은?
하루 2시간 투자 시 수익 가능성이 높은 N잡은?
온라인 기반에서 빠르게 테스트할 수 있는 비즈니스는?
현재 시장에서 급성장 중인 틈새 아이템은?
나의 성향(예: 내향적 vs 외향적)에 맞는 수익 활동은?

이런 질문에 AI가 제공하는 답변은 **감에 의존하지 않는 현실적 선택지**가 되어준다.

4. 수익 구조 시뮬레이션

내가 선택한 N잡이 실제로 수익을 낼 수 있을지 궁금하다면?
AI와 함께 **수익 구조 시뮬레이션**을 돌려보자.

예상 단가, 판매량, 홍보비, 자동화 수준 등을 입력하면
월 수익 예측치와 브레이크이븐 포인트(손익분기점)를 자동 계산해 준다.

예상 고객 수, 광고비 효율, 반복 구매율까지 포함하면
훨씬 정밀한 판단이 가능하다.

5. 실행 전 체크리스트

AI 분석으로 검증된 수익모델인가?
실행 가능한 자원(시간, 기술, 자본)이 있는가?
나의 기존 경력 또는 관심사와 연결되는가?
수익을 만들기 위한 로드맵이 있는가?
자동화 및 AI 적용 가능성이 높은가?

이 다섯 가지에 '예'라고 대답할 수 있다면,
그 N잡은 실행할 충분한 가치가 있다.

24. 자동화 수익 모델 구축하기

"**부자가 되려면 '시간을 돈으로 바꾸는' 구조에서 탈출해야 한다. 그 해답은 자동화 수익 모델에 있다.**"

즉, 내가 잠을 자고 있거나 여행 중일 때도 계속해서 돈이 들어오는 구조를 만드는 것이다.

AI는 이 구조를 설계하고 구현하는 데 매우 강력한 도구다.

1. 자동화 수익의 핵심 개념

자동화 수익이란, **한 번 만들어 놓고 꾸준히 수익이 발생하는 시스템**을 뜻한다.

이는 일반적인 '노동'이 아닌 **시스템 기반의 소득원**이다.

대표적인 예로는 다음과 같은 것이 있다.

온라인 강의 플랫폼: 콘텐츠 한 번 제작 후 반복 판매

전자책 판매: 한 번 출간 후 전 세계 판매

스톡 콘텐츠: 사진, 음악, 영상 등 등록 후 자동 수익

AI 챗봇: 고객 응대 및 세일즈 자동화

자동화된 쇼핑몰: 주문, 결제, 배송까지 자동으로 처리

구독 모델: 정기 결제 기반의 수익 구조

이런 모델은 **지속성과 확장성**이라는 두 마리 토끼를 잡을 수 있게 해준다.

2. 수익 모델 자동화의 3단계

콘텐츠나 서비스 기획
무엇을 팔 것인가?
나의 강점, 시장 수요, 트렌드를 분석해서 정한다.

플랫폼과 도구 선정
어떤 시스템을 활용해 수익을 자동화할 것인가?
예: 온라인 강의(클래스101, 유데미), 전자책(리디북스, 아마존), 자동화 쇼핑몰(카페24+스마트스토어)

AI와 자동화 도구를 활용한 운영
이메일 마케팅: Mailchimp, 샵플
콘텐츠 제작: ChatGPT, Canva, Lumen5
챗봇 세일즈: Chatbase, Manychat
결제 및 송금: Stripe, 토스페이먼츠 등

3. AI로 만드는 자동화 수익 시스템 예시

예: 전자책 자동화 수익 모델
ChatGPT로 목차 및 원고 초안 생성
Canva로 표지 디자인
리디북스 또는 아마존 KDP에 등록
SNS나 이메일 뉴스레터로 자동 홍보
고객 문의는 AI 챗봇으로 응대

매월 판매 수익 자동 입금

이 모델은 콘텐츠 제작부터 유통, 세일즈, 수익까지 거의 모든 과정을 자동화할 수 있다.

4. 자동화 수익을 만드는 핵심 조건

재사용 가능한 자산(디지털 형태)
콘텐츠, 코드, 시스템, 템플릿 등
시간을 절약해주는 시스템
자동화 툴, API, 스케줄러, AI 분석 도구
확장 가능한 구조
고객 수 증가에도 비용은 최소화되는 구조
반복 가능한 판매 구조
구독, 시리즈, 번들 등으로 자연스러운 재구매 유도

5. 수익 자동화의 현실적인 조언

초기에는 노동이 들어간다.
하지만 과정을 기록하고 시스템화하면 '레버리지'가 작동한다.

처음부터 완벽하지 않아도 된다.
일단 1차 버전을 빠르게 실행하고, 피드백을 받아 개선하자.

매출보다 시스템이 우선이다.

수익은 시간이 지나면 따라온다.
중요한 건 지속성과 구조다.

25. 스톡 콘텐츠 수익화 전략

"지금 이 순간에도, 누군가는 자신이 찍은 사진이나
만든 음악으로 매일 수익을 올리고 있다."

스톡 콘텐츠란 사진, 영상, 음악, 일러스트, 효과음 등 **누구나 사용할 수 있는 디지털 창작물**이다.

이 콘텐츠들을 업로드하면 전 세계의 수요자들이 사용료를 내고 사용하고, 그에 따른 수익이 창작자에게 돌아온다.

이는 단발성 판매가 아니라, 한 번 만들어두면 **지속적으로 수익을 발생시키는 자동화 수익 모델**로 이어진다.

1. 스톡 콘텐츠의 종류

사진 및 이미지: 인물, 풍경, 사물, 비즈니스, 라이프 스타일 등
영상클립: 브이로그 스타일, 드론 영상, 타임랩스, B-roll 등
음악 및 효과음: 배경음악, 광고용 징글, 사운드 이펙트 등
일러스트 및 벡터 그래픽: 인포그래픽, 아이콘, 패턴 등
템플릿: 프레젠테이션, 썸네일, SNS 포맷 등

이런 콘텐츠는 한번 제작해서 여러 플랫폼에 등록하면, **반복적으로 판매되고 수익화된다.**

2. 어떤 플랫폼에 올릴 수 있을까?

이미지/영상 플랫폼: Shutterstock, Adobe Stock, iStock, Getty Images

음원 플랫폼: AudioJungle, Pond5, Epidemic Sound

일러스트/ 템플릿: Envato Elements, Creative Market, Freepik

한국 기반 플랫폼: 게티이미지코리아, 크라우드픽, 픽스타

이 플랫폼들은 **AI 태깅, 자동 추천 알고리즘** 등을 활용해 창작자의 콘텐츠를 전 세계 고객에게 연결해 준다.

3. AI로 콘텐츠 제작 및 최적화하기

AI 도구들을 활용하면 콘텐츠 제작의 난이도와 시간을 획기적으로 줄일 수 있다.

이미지 제작: Midjourney, DALL·E, Canva

음악 생성: Soundraw, AIVA, Mubert

영상 편집: Runway ML, Pictory, CapCut AI

자동 태그 및 제목 생성: ChatGPT, Copy.ai, Jasper

SEO 최적화 설명문 작성: ChatGPT + 키워드 분석 도구

이런 도구들은 콘텐츠의 완성도와 노출률을 높여준다.

4. 수익화의 핵심 전략

니치 주제를 공략하라.

'넘쳐나는 일반적인 사진'보다, '찾기 어려운 구체적인 주제'가 잘 팔린다.

예: "노인과 스마트폰", "한복을 입은 외국인", "전기차 충전 중인 풍경"

콘텐츠를 꾸준히 업로드하라.
알고리즘은 '활발한 창작자'를 더 많이 노출시켜 준다.

다양한 플랫폼에 동시에 배포하라.
여러 플랫폼에 같은 콘텐츠를 올려 수익원을 분산시키자.

패키지화, 번들화
관련 콘텐츠를 묶어서 판매하면 단가가 올라간다.

AI로 수요 분석하기
각 플랫폼에서 'Top 검색 키워드'를 분석하고, 그에 맞춰 제작하면 히트 확률이 높아진다.

5. 현실적인 수익 규모

하루에 5달러씩만 수익이 나도, 한 달이면 150달러
콘텐츠 수가 많아지고, 노출이 늘면 월 100만 원 이상의 소극적 수익도 가능하다.
꾸준히 쌓이면, 장기적으로 은퇴 후 수익원 역할을 할 수 있다.

6. 조언

스톡 콘텐츠 수익화는 **창의성과 시스템의 만남**이다.

AI를 도우미로 삼아 반복적이고 시간 드는 작업을 자동화하고, 나만의 감성과 관점을 콘텐츠에 담아 세상에 내보내자.

매일 조금씩 쌓는 콘텐츠는, 미래의 자동 수익 파이프라인이 되어줄 것이다.

26. 수익형 블로그 및 미디어

"인터넷이 보편화된 오늘날, 블로그나 미디어 플랫폼은 단순한 취미를 넘어서 지속적인 수익을 창출할 수 있는 자산으로 바뀌었다."

글쓰기, 정보 정리, 리뷰, 큐레이션에 흥미가 있다면 수익형 블로그는 아주 강력한 자동화 수익 파이프라인이 될 수 있다.

1. 수익형 블로그란 무엇인가?

수익형 블로그란 **방문자 유입을 기반으로 광고 수익, 제휴 마케팅, 상품 판매 등을 통해 현금 흐름을 만들어내는 구조**.
대표적인 수익 구조는 다음과 같다:

애드센스(AdSense): 방문자에게 노출되는 광고로 수익 발생
제휴 마케팅: 제품 또는 서비스 소개 후 구매 시 일정 수수료 지급
자체 상품 판매: 전자책, 강의, 템플릿 등 디지털 제품

후원 플랫폼 연동: Patreon, Buy Me a Coffee 등 후원 기반 수익

네이버 블로그 체험단 / 브랜디드 콘텐츠

2. 블로그 수익화의 핵심 전략

정확한 타깃 주제를 설정하라.
건강, 금융, 육아, 여행, 자기계발, IT 등 **수익성과 검색량이 있는 분야**를 선정
애매한 종합 블로그보다는, **전문성 있는 주제 블로그**가 검색 노출에 유리하다.

키워드 중심 콘텐츠를 제작하라.
방문자 유입의 90% 이상은 검색을 통해 발생
AI 도구(Google Trends, ChatGPT, SEMrush 등)를 활용해 **검색량 높은 키워드**를 중심으로 콘텐츠를 제작

포맷과 흐름을 구조화하라.
제목 → 문제 제기 → 해결책 → 상세 설명 → 콜 투 액션(CTA)
일정한 형식으로 반복 제작하면 시간 절약과 품질 유지가 동시에 가능

글 품질보다 '유용성'을 우선하라.
문장력보다 중요한 건 방문자에게 도움이 되는 정보
짧고 명확하게, 질문에 대한 해답을 줄 수 있어야 한다.

3. AI 도구로 효율을 높이는 방법

글 기획 및 초안 작성: ChatGPT, Jasper
SEO 최적화: SurferSEO, RankIQ
썸네일/ 이미지 제작: Canva, Midjourney
자동 번역 및 다국어 버전: DeepL, Google Translate
분석 도구: Google Analytics, Search Console

AI는 수익형 블로그의 **기획 → 제작 → 최적화 → 분석** 전 과정에 투입할 수 있다.

시간은 절반으로 줄고, 효율은 몇 배로 늘어난다.

4. 수익 발생 시점과 규모

처음 3~6개월은 거의 수익이 없다. 하지만 포기하지 말고 꾸준히 축적해야 한다.

100개 포스팅을 넘긴 시점부터 트래픽이 오르기 시작한다.

매일 1,000명 이상 방문하는 블로그는 월 수십만 원에서 수백만 원까지 가능하다.

5. 블로그 외에도 확장 가능한 미디어 채널

브런치: 감성적 글쓰기와 콘텐츠 브랜딩
노션 퍼블릭 페이지: 지식 정리 + 구독 전환
티스토리 / 워드프레스: SEO 중심 수익화

네이버 인플루언서: 검색 유입 + 브랜드 콜라보

뉴스레터: 정기 구독 기반 수익 모델로 확장

6. 핵심은 '지속성과 반복성'

수익형 블로그는 단기간의 고수익을 추구하는 방식이 아닌 오히려 하루 1시간씩, 매일 하나의 글을 쌓아가는 습관이 수익을 만든다. 열정이 아니라 시스템화된 실행력이 필요하다.

AI를 통해 반복되는 작업 최소화, 기획과 방향 설정에만 집중

27. 강의, 전자책 수익화

> "자신이 가진 지식이나 경험은 단순한 정보가 아니라,
> 누군가에게는 돈을 주고라도 배우고 싶은 가치 있는
> 콘텐츠가 될 수 있다."

1. 왜 강의와 전자책인가?

강의와 전자책은 수익 창출에 효과적인 방법이다.
한 번 제작하면 자동으로 반복 판매가 가능하다.
전문가로 보이게 하고, 신뢰를 쌓는 데 도움이 된다.
전자책은 권당 약 1만 원으로 높은 수익이 가능하다.
하나의 콘텐츠로 여러 플랫폼에서 반복 활용할 수 있어 효율적이다.

2. 강의와 전자책에 적합한 주제

다음과 같은 주제가 적합하다.
경험 기반 문제 해결: 예) 퇴사 후 6개월 만에 블로그로 월 300만 원 벌기
특정 기술 노하우: ChatGPT 활용, 유튜브 썸네일 제작 등
취미 · 라이프 스타일: 50대 다이어트, 자녀 홈스쿨링 등
업무 효율화: Notion, Excel 자동화, 일정 관리 등
중요한 것은 정보량보다 문제 해결 능력이다.

3. 전자책 만드는 방법

가장 먼저 검색량 많고 경쟁 적은 주제를 선정해야 한다.
본인의 경험을 바탕으로 주제를 정하는 것이 좋다.

목차는 문제 제기 → 경험 공유 → 실전 팁 → 정리 순으로 구성한다. 하루 한 챕터씩 작성하면 10일 내 완성 가능하다.

Canva, Notion, Google Docs로 편집·디자인 후 브런치, 탈잉, 클래스101 등에서 출간 가능하다.

4. 온라인 강의 제작 방법

대상, 해결할 문제, 얻을 수 있는 결과를 먼저 정의한다.
스마트폰, 삼각대, 마이크만으로 촬영 가능하다.
얼굴을 노출하지 않아도 슬라이드로 강의 가능하다.

편집은 CapCut, VN, Canva 등으로 충분하다.

클래스101, 탈잉, 인프런, 유데미에 등록하고, 블로그, 뉴스레터, 인스타그램, 유튜브로 홍보하면 좋다.

5. 성공하는 전자책/강의의 특징

성공한 콘텐츠는 단순 정보 전달이 아닌 개인의 관점을 담고 있다.

누구나 찾을 수 있는 정보는 효과가 낮다.

구체적인 사례, 경험, 수치 등을 통해 실질적 가치를 제공해야 한다.

시작과 끝이 분명해야 하며, 독자나 수강자가 무엇을 할 수 있게 되는지가 명확해야 한다.

6. 수익 규모 예시

전자책은 권당 1만 원 기준,

월 200권 판매 시 200만 원 수익이 가능하다.

강의는 개당 9만 원 기준,

월 50명 수강 시 450만 원 수익이 발생한다.

여러 개를 묶어 패키지로 판매하면 단가 상승도 가능하다.

7. AI로 제작 효율 높이기

AI 도구를 활용하면 제작 속도를 크게 높일 수 있다.
ChatGPT는 목차 설계와 글 초안 작성에 유용하다.
Canva는 표지와 슬라이드 디자인에 효과적이다.
ElevenLabs는 AI 음성 더빙, HeyGen은 아바타 영상 제작에 활용 가능하다.
Notion은 전체 기획 및 콘텐츠 정리에 적합하다.

지식은 나눌수록 커지고, 팔수록 수익이 된다. 전문가가 아니어도 경험과 노하우만 있으면 누구나 강사이자 저자가 될 수 있다.
중요한 것은 작게 시작해 보고, 끊임없이 다듬으며 계속 나아가는 것이다.

28. 유튜브와 AI 자동 콘텐츠 운영

"지금은 유튜브가 단순한 '동영상 플랫폼'이 아니다."

브랜드, 마케팅, 수익화의 중심이 되었고,
누구든지 AI 도구만 있으면 **1인 미디어 기업**을 운영할 수 있다.

영상 하나가 수십, 수백만 원의 자산이 될 수 있는 시대.
이제 유튜브는 선택이 아니라 '전략'이다.

1. 유튜브 콘텐츠의 기본 구조

정보형 콘텐츠: 팁, 강의, 노하우, 비교, 분석

리뷰형 콘텐츠: 제품/서비스 리뷰

스토리텔링 콘텐츠: 사례, 경험담, 브이로그

AI 리포트 콘텐츠: 데이터 분석, 시장 트렌드

ASMR, 무성 영상 등: 목소리 없이도 가능한 콘텐츠

2. AI로 가능한 자동화 요소들

기획 및 대본 작성

ChatGPT로 제목, 설명, 대본까지 자동 생성

예: "AI로 돈 버는 5가지 방법" 대본 5분 만에 완성

영상 생성

Pictory, Lumen5: 블로그 글 → 영상 자동 변환

Synthesia, HeyGen: AI 아바타가 대본 읽어줌

음성 및 더빙

LOVO, ElevenLabs: 감정 담긴 AI 목소리

외국어 번역 → 자동 더빙도 가능

썸네일 및 이미지 제작

Canva, Adobe Express: 자동 디자인

DALL·E, Midjourney: AI 이미지 생성

편집 및 자막

CapCut, Wisecut, Descript: 자막 자동 생성+하이라이트 추출

AutoCut: 텍스트만으로 컷 편집 가능

게시 및 스케줄링

YouTube Studio에서 예약 업로드 가능

Pallyy, Buffer 같은 툴로 SNS에도 자동 연동

3. 수익화 모델

광고 수익: 구독자 1,000명+시청 시간 4,000시간

채널 멤버십: 월 정액 구독

슈퍼챗/라이브 후원

협찬/광고 영상 제작

자사 상품 판매: 전자책, 템플릿, 온라인 클래스

링크트리+제휴 마케팅

4. 인기 주제 예시 (AI 도움 활용 가능)

"한 달 100만 원 자동 수익 만들기"

"스마트 스토어 성공 전략"

"ChatGPT로 부업하기"

"재테크 초보를 위한 돈 공부"

"해외직구 쉽게 시작하는 법"

"디지털 노마드가 되는 방법"

5. 처음 시작하는 사람을 위한 팁

얼굴, 목소리 노출이 부담되면 AI 아바타 사용
실명 대신 브랜드 채널 운영 가능
하루 1~2시간만 투자해도 콘텐츠 누적 효과 큼
1인 방송이 아닌 **1인 시스템**이 되어야 함

6. 실행 순서 (초보용 로드맵)

주제 선정 및 키워드 리서치 (ChatGPT, Ubersuggest 활용)
대본 자동 생성 (ChatGPT + YouTube 참고)
영상 제작 (AI툴 or 본인 촬영)
썸네일 제작 (Canva 사용)
업로드 + 해시태그 설정
반응 분석 후 다음 콘텐츠 기획

29. 뉴스레터 구독 비즈니스

"뉴스레터는 현대 정보 시장에서 강력한
개인 미디어 수단 중 하나다."

특정 주제에 대한 정보를 정기적으로 구독자에게 전달함으로써 신뢰와 관계를 축적하고, 동시에 수익화가 가능한 채널로 발전할 수 있다.

1. 뉴스레터의 특징과 장점

뉴스레터는 SNS와 달리 **알고리즘의 간섭 없이**
구독자에게 직접 콘텐츠를 전달할 수 있다는 장점이 있다.
또한 구독자의 **이메일 주소를 보유함으로써**
자산화된 고객 명단을 확보할 수 있다는 점에서 큰 가치가 있다.

2. 주제 선정과 타깃 설정

성공적인 뉴스레터 운영을 위해서는
명확한 주제와 타깃 독자층의 설정이 선행되어야 한다.
재테크, 창업, 마케팅, 기술, 라이프 스타일 등
자신의 전문성 또는 관심사를 중심으로 주제를 좁히는 것이 좋다.

예를 들어 '직장인을 위한 사이드잡 정보',
'주식 초보자를 위한 주간 리포트',
'AI 트렌드 브리핑'과 같은 형태가 효과적이다.

3. 콘텐츠 제작 및 자동화 도구

콘텐츠 제작에는 ChatGPT를 활용하여
뉴스레터용 에세이, 리스트, 요약문 등을 자동 생성할 수 있다.
또한 다음과 같은 자동화 툴을 활용하면 효율성이 극대화된다.

메일 전송 플랫폼: Mailchimp, ConvertKit, Beehiiv, Stibee
작성 도구: Notion, Google Docs, Grammarly
AI 요약 도구: Smodin, Quillbot 등

자동화된 워크플로우를 구축하면 매주 정해진 시간에 콘텐츠가 자동으로 작성되고, 전송될 수 있다.

4. 수익화 모델

뉴스레터는 구독자 기반이 일정 규모에 도달하면
다양한 방식으로 수익을 창출할 수 있다.

유료 구독 전환(예: 프리미엄 콘텐츠, 고급 인사이트)
광고 삽입(브랜드 제휴 콘텐츠, 배너 광고)
자사 상품 홍보(전자책, 강의, 상담 등)
링크트리 기반 제휴 마케팅(추천 도서, 서비스 등)

특히 B2B 타깃을 중심으로 하는 뉴스레터는
높은 광고 단가를 형성할 수 있다.

5. 운영 전략

뉴스레터는 '단순한 발행'이 아닌 '지속적 관계의 축적'이라는 관점에서 독자의 피드백, 클릭률, 구독 유지율 등을 지속적으로 분석하고 개선해야 한다.

오픈율 분석 → 제목 최적화

클릭률 분석 → 콘텐츠 구성 개선

구독자 세분화 → 타깃별 맞춤 콘텐츠 발송

이러한 전략적 접근은 장기적으로 뉴스레터를 브랜드의 핵심 자산으로 성장시키는 기반이 된다.

6. 실행 단계

주제 및 타깃 선정

뉴스레터 플랫폼 설정

콘텐츠 구조 및 발행 주기 결정

AI를 활용한 콘텐츠 제작 자동화

구독자 모집 (SNS, 블로그, 유튜브 연계)

초기 무료 뉴스레터 발송 → 반응 확보

구독자 1,000명 이상 시 수익화 전환 전략 수립

30. 로열티 기반 수익 모델 구축

"로열티 기반 수익 모델은 창작물, 기술, 지식 자산 등 한 번 만들어 놓은 콘텐츠나 시스템이 시간이 지남에 따라 반복적으로 수익을 창출하는 구조다."

이는 소위 말하는 '잠자는 동안에도 돈을 버는 구조'를 실현할 수 있는 대표적인 방식이다.

1. 로열티 수익의 개념

로열티는 자신의 지적 자산을
타인 또는 플랫폼이 활용하는 대가로 받는 **지속적 보상**이다.
대표적인 예시로는 다음과 같다.

음악, 사진, 영상 등의 저작권 수익
특허, 기술, 알고리즘 등의 사용료
강의 콘텐츠의 재판매 수익
전자책, 출간 도서의 판매 로열티
디자인, 폰트, 아이콘 등의 재사용권 수익
SaaS 플랫폼 API 호출 당 수익 배분

한 번 만들어 놓은 자산이 장기적으로 작동하며 꾸준한 현금흐름을 만든다는 점에서 로열티 수익은 자산화 전략과도 밀접하다.

2. 로열티가 강력한 이유

일회성 거래에서 반복 수익 구조로의 전환은
사업의 안정성과 예측 가능성을 비약적으로 높여 준다.
특히 창의성과 기술력을 결합할 수 있다면
무한 복제 가능한 수익 구조가 가능해진다.
또한 로열티는 시간이 흐를수록 축적되는 특성이 있어, 일정 시

점 이후에는 마케팅 없이도
'자산이 자산을 낳는' 구조로 성장하게 된다.

3. AI 기반 로열티 모델의 확장

AI와 자동화 기술을 활용하면
로열티 모델을 더 빠르게, 더 넓게 확장할 수 있다.

AI 음악 생성 플랫폼을 통해 음원 제작 후 등록
AI 이미지 생성 도구로 스톡 콘텐츠 제작
전자책 생성 도구를 활용한 자동 저작 및 출판
AI 강의 콘텐츠 제작으로 Udemy, 클래스101 등 업로드
코드 생성 AI를 통해 API 제작 후 사용료 부과

AI는 창작의 장벽을 낮추고 진입 비용을 최소화하며
다양한 로열티 수단을 자동으로 생산할 수 있도록 돕는다.

4. 수익화 경로별 예시

콘텐츠 유형	로열티 수익 경로
음원	멜론, 스포티파이, 유튜브뮤직 등 스트리밍 수익
이미지	Shutterstock, Adobe Stock, 미리캔버스 등록
전자책	아마존 킨들, 리디북스, 브런치북
강의	클래스101, 탈잉, 유데미, 노션 강의 플랫폼
SaaS 기능	API 마켓플레이스, GPT 플러그인 수익 공유

단순히 업로드만으로 끝나는 것이 아니라,
지속적인 개선과 리뷰, 업데이트를 통해
브랜드를 강화하고 신뢰를 쌓는 것이 중요하다.

5. 실행 전략

자신이 가진 지식, 재능, 기술 중 반복 활용 가능한 요소를 찾는다.
이를 콘텐츠 또는 도구의 형태로 자산화한다.
자동화된 플랫폼에 등록하여 배포를 시작한다.
피드백을 수집하고, AI를 활용해 개선하고 최적화한다.
다양한 플랫폼에 다각화하여 등록함으로써
수익의 안정성과 확장성을 높인다.

6. 지속 가능한 수익을 위한 핵심

로열티 모델은 꾸준함과 업데이트가 핵심이다.
한 번에 완성하려 하지 말고, 최소 단위로 시작해
작은 반복을 통해 자산을 확장하는 방식의 접근이 좋다.
또한 수익과 클릭 데이터를 주기적으로 분석하며
어떤 콘텐츠가 장기적으로 성과를 내는지
데이터 기반으로 판단해야 한다.

부동산 전략

31. AI로 지역 분석 및 가치 예측

> "AI를 활용한 지역 분석은
> 기존의 감과 경험에 의존하던 부동산 판단 방식을
> 정량적 데이터 기반 분석으로 전환한다."

이는 투자 위험을 줄이고
최적의 투자 타이밍과 위치를 포착할 수 있는 강력한 도구다.

1. 지역 가치 예측의 핵심 요소

AI가 분석하는 주요 요소는 다음과 같다.

- 인구 유입 및 유출 추이
- 상권 변화 및 매출 분석
- 교통 인프라 및 개발 계획
- 주거 선호도 및 공시가격 추세
- 건물 노후도 및 리모델링 가능성
- 학교, 공원, 병원 등 생활 인프라 수준

이러한 요소들은 기존에는 사람이 발품 팔며 조사했지만,
이제는 AI가 공공데이터, 위성지도, SNS 분석,
심지어 통화량 데이터까지도 종합해 도출한다.

2. 활용 가능한 데이터 플랫폼

플랫폼	기능
국토교통부 실거래가 공개시스템	실거래가 분석 및 거래량 추이 확인
부동산114, KB부동산	지역 시세, 전세가율, 투자 수익률 비교
카카오맵, 네이버지도	상권 밀도 및 유동 인구 파악
통계청, 지방자치단체 오픈데이터	인구변화, 건축허가 건수, 개발 계획 등 확인
AI 분석 툴 (예: REINet, 빅밸류 등)	AI 기반 미래 가치 예측, 수익률 시뮬레이션

3. AI를 통한 가치 예측 사례

예시 1: 교통 호재 기반 지역 선정

GTX, 신도시 개발, 역세권 확장 등 교통 개선 지역을
AI가 자동으로 스크래핑하고,
유입 인구 변화 및 집값 상승률 예측치를 시각화함.

예시 2: 공실률 기반 상가 투자 판단

AI가 지역 상가의 공실률, 유동 인구, 매출 추이 데이터를 분석해 투자 적합도 점수를 도출함.

예시 3: 노후 아파트 재건축 가능성 평가

준공 연도, 안전진단 통과 여부, 정비구역 지정 상태 등을 기반으로 재건축 시 수익률 예측을 제공함.

4. 투자자 관점의 전략 적용

단기 투자자는 가격 급등 가능성이 있는 재개발, 교통 호재 지역을 중심으로 AI가 포착한 '관심지역 랭킹'을 활용함.

장기 보유형 투자자는 안정적인 인구 기반, 교육 환경, 교통 접근성을 중심으로
AI가 예측한 '5~10년 후 가치 상승 예상 지역'을 선별함.

임대 수익형 투자자는 공실률, 월세 수익률, 유동 인구를 기반으로 AI가 분석한 '임대수익 최적 지역'을 참고함.

5. 실제 AI 분석 도구 접목 방법

Python 기반 부동산 분석 툴 개발 (예: pandas, geopandas, sklearn)
공공 API 활용한 실시간 데이터 수집 (예: 국토부, 통계청)
구글 콜랩, 노코드 플랫폼으로 자동화된 보고서 생성
ChatGPT 플러그인을 활용한 실거래가 요약 및 해석
AutoML을 통해 가격 예측 모델 학습 (예: Google Vertex AI, DataRobot 등)

AI는 사람보다 빠르고 객관적이며,
방대한 데이터를 한 번에 종합해 판단한다는 점에서
부동산 투자에 강력한 경쟁력을 부여한다.
결정은 사람이 하되, 정보 수집과 분석은 AI에게 맡기는 것이
현대 부동산 전략의 핵심이다.

AI 기반 부동산 가치
상승 패턴 예측

"AI는 대규모 데이터를 바탕으로 과거 부동산 시장의 상승 패턴을 학습하고, 유사한 조건이 현재 어떤 지역에서 재현되고 있는지를 탐지함으로써 향후 가치 상승 가능성이 높은 지역을 미리 포착한다."

1. AI가 학습하는 상승 패턴 요소

주변 개발 호재 수 및 영향력 지수
인구 및 가구 수 증가율
신규 아파트 공급량과 입주 시기
거래량 증가 및 실거래가 상승률
전세가율 변화 추이
학군, 병원, 공원 등 생활 인프라 향상
유사 지역 과거 사례와의 매칭 분석

이러한 요소들은 AI의 학습 모델에 입력되며, 이전 상승 사례들과의 유사도를 기반으로 향후 상승 가능성을 점수화한다.

2. 상승 패턴의 대표적 유형

유형	설명	예시
1. 교통 호재형	새로운 노선 개통, 역세권 형성	GTX-B, 신분당선 연장
2. 상권 활성화형	대형 마트, 쇼핑몰, 문화시설 유입	스타필드, 롯데몰 등
3. 신도시 인접형	수도권 3기 신도시 주변 지역	남양주, 화성 등
4. 공공 개발 유발형	산업단지, 혁신도시, 공공기관 이전	세종시, 대구 혁신도시
5. 재건축/재개발형	노후 아파트 재건축 구역 내 가치 상승	목동, 상계 등

3. AI 적용 예시: 서울 외곽 재개발 지역

AI가 서울 내 재개발 구역 중
'거래량 급증', '입주권 거래 증가', '교통 개선 예정' 등의 지표를 분석하여
특정 구역(예: 장위뉴타운, 흑석동 등)을
"단기 2~3년 내 상승 유력 지역"으로 예측함.

예측 신뢰도는 과거 유사 지역 분석 결과와 비교하여 산출됨.

예를 들어, '장위뉴타운'은 과거 '길음뉴타운'의 초기 상승 패턴과
85% 이상 유사한 특성을 보인다고 분석.

4. 머신러닝 모델 적용 사례

Random Forest, XGBoost 모델로
부동산 가격 상승률 분류 및 예측

딥러닝 기반 LSTM모델을 활용해
거래량, 시세, 전세가율 등의 시계열 변화 예측

Clustering 알고리즘(K-means)을 통해
유사 상승 지역 군집화

5. 투자 전략에의 실전 적용

AI가 제시한 '단기 급등 후보지' 리스트를 기반으로
투자자들은 **입지 선점 투자 전략**을 수립함.

장기 보유 전략에서는
AI가 예측한 3~5년 후 가치 상승 지역에
조기 진입하여 안정적인 자산 증식을 추구함.

지분 투자 플랫폼 등에서는
AI 분석 결과를 투자 상품 소개서에 반영하여
투자자에게 신뢰도 높은 정보를 제공함.

책 속의 책 1

AI는 예측의 정확도뿐 아니라,
사람이 미처 인식하지 못한 "데이터 속 신호"를 감지하여
기회 포착 능력을 극대화시킨다.

AI 기반 가치 상승 예측은
감각과 경험을 넘어선 **과학적 투자 시대**의 상징이다.

AI와 함께하는 부동산 가치평가

"이제 감(感)이 아니라,
데이터와 알고리즘으로 판단한다"

"이 아파트, 얼마면 돼요?"
이 질문, 너무 많이 들었을 것이다.
누구는 "위치가 좋아서", 누구는 "브랜드라서",
또 누구는 "조망이 끝내줘서"라고 말한다.
하지만 이제는 **AI의 시대**, 감이 아닌 데이터로 부동산 가치를 정밀하게 분석할 수 있는 시대이다.

1. 가치평가는 어떻게 이루어질까?

기존의 부동산 가치평가는 감정평가사, 중개업자, 투자자들의 **주관적 판단**에 많이 의존했다.

"누구한테 물어보느냐"에 따라 **평가가 천차만별**이다.
하지만 AI는 실거래가 인근 유사 물건 비교
학군, 교통, 인프라 공시가격 변동, 뉴스 트렌드 등 모든 데이터를 종합 분석해
정량화된 가치 추정 결과를 도출한다.

단순 가격이 아니라 **"미래의 가능성"**까지 예측하는 시대이다.

2. 어떤 데이터로 분석하는가?

AI는 다음 데이터를 수집·가공해 가치평가에 반영한다:

카테고리	분석 요소
거래 데이터	실거래가, 전세가, 매매 이력, 평균 거래 기간
입지 데이터	지하철, 버스 정류장, 학군, 병원, 쇼핑몰
환경 데이터	소음, 조망, 일조량, 대기질
건물 데이터	준공연도, 층수, 평면도, 브랜드, 관리비
수요/공급	분양 예정 단지, 개발 호재, 인구 유입/이탈 트렌드
감성 요인	커뮤니티 반응, 리뷰, SNS 언급량, AI 감성분석 결과

AI는 위의 요소들을 **가중치 조정**을 통해
단일 점수 또는 가치 예측 가격으로 환산한다.

3. AI로 보는 "미래 가치"

책 속의 책 1

AI는 현재 가격만 분석하지 않는다.
미래를 예측하는 도구로도 강력하다.

예시:
3년 후 GTX 개통 예정 → 가치 15% 상승 시뮬레이션
인구 이동 패턴 분석 → 5년 내 공급 과잉 우려
SNS 언급 급증 → 핫플레이스화 가능성 평가
인간은 놓칠 '미세한 흐름'을 AI는 **빠짐없이 읽어낸다.**

4. 실전 적용: AI 부동산 가치평가 툴들

실제 투자자들이 활용하는 주요 AI 플랫폼들이다:

툴 이름	특징
직방 AI 시세예측	실거래가 기반 + AI 미래가치 예측
밸류맵	유사 물건 비교로 시세 범위 및 차익 계산 지원
리치고	투자 수익률 분석 + 리스크 요소 경고 시스템 포함
AI 빅데이터 감정평가	감정평가사+AI가 공동 평가, 은행/담보용으로 활용 가능

당신의 직관에 AI 분석을 더하면 **훨씬 더 명확한 결정 가능**

5. 사람이 빠지고, AI가 들어오는 시대

과거:
☞ "저기 부동산 사장님이 말하길…"

현재:
☞ "AI 시뮬레이션 돌려보니까 수익률은 XX%, 리스크는 XX%야."

의사결정의 패러다임이 바뀌고 있다.
부동산 투자도 결국 숫자의 게임이다.
데이터로 뒷받침되지 않는 직감은 이제 너무 위험하다.

"AI는 단순한 도구가 아니라,
당신의 리스크를 줄여주는 보험이다."

32. 수익형 부동산 포트폴리오 만들기

"매달 돈이 들어오는 건물주, 그 시작은 전략적 구성이다."

1. 수익형 부동산, 왜 포트폴리오가 필요한가?

수익형 부동산은 꾸준한 **현금흐름**을 만들고, 위험을 분산하며, 장기적으로 **안정성과 수익률**을 동시에 가져가는
'자산의 기둥'을 만드는 일이다.
'**포트폴리오**'로 **리스크를 줄이고 수익을 극대화**할 수 있다.

2. 수익형 부동산의 유형별 분류

유형	특징	장점	리스크
오피스텔	단기임대 수요가 높음	관리 쉬움, 유동성 좋음	공급과잉, 단기공실 위험
상가	고정 임차인 확보 시 안정적 수익	수익률 높음	공실 시 타격 큼, 경기 민감
꼬마빌딩	상가+주택 혼합 가능	자산 가치상승, 개발 여지	관리 복잡, 초기투자금 큼
도시형 생활주택	소형임대주택, 전·월세 수요 꾸준	취득세 낮고 임대수익 안정적	수익률 제한적, 매도 시 제한 많음
리츠 (REITs)	간접 투자형	소액 분산 가능, 유동성 높음	직접통제 어려움, 수익률 변동 가능

Tip: 각 유형을 하나씩 섞어 구성하면
'시세차익형 + 현금흐름형 + 방어형' 구조를 만들 수 있다.

3. 투자 목적에 따른 포트폴리오 설계

1) 안정형 투자자

목표: 안정적인 임대수익

구성: 오피스텔+도시형 생활주택+일부 리츠

전략: 공실률 낮추는 입지 분석에 집중

2) 성장형 투자자

목표: 자산가치 상승+현금흐름

구성: 꼬마빌딩+상가 일부

전략: 젠트리피케이션 지역, 재개발 가능성 등 '미래 입지'

3) 리스크 분산형 투자자

목표: 분산 통한 안정성 확보

구성: 오피스텔+상가+리츠+지방 부동산 일부

전략: 지역/유형별 수익률과 공실률 비교한 후 배분

4. '현금흐름' 중심으로 포트폴리오 짜기

수익형 부동산의 핵심은 매달 들어오는 **임대료 수익**이다.
따라서 자산을 구성할 때,
다음 3가지 기준으로 수익률을 계산하고 비교해야 한다.

총수익률= (연간 임대수익 / 매입 가격) x 100

순수익률= [(임대수익 − 비용) / 매입가격] x 100

현금수익률= [(순이익 − 대출이자) / 자기자본] x 100

대출을 활용한 경우, 반드시 '현금수익률'을 기준으로
실제 내 지갑에 남는 돈을 체크해야 한다.

5. 부동산 포트폴리오 자동화 관리 전략

AI와 데이터 툴을 활용하면
여러 채를 갖고 있어도 효율적으로 관리할 수 있다.
임대관리 자동화: 월세 입금 확인, 연체 경고, 공실 알림 등
자산 분석 리포트: 수익률 비교, 부동산 가치 추이 모니터링
입지 트렌드 분석: 상권 변화, 역세권 변화, 유동 인구 예측
세금 자동 계산: 보유세/종부세/양도세 시뮬레이션
추천 툴:
Notion + Excel 자동화 / 부동산 AI 플랫폼 (예: 빅밸류, 직방 AI 분석 등)

6. 수익형 부동산의 '주기적 리밸런싱'

시간이 흐르면 수익률이 떨어지는 자산도 생긴다.
따라서 일정 주기마다 리밸런싱(구성 재조정)이 필요하다.
수익률이 급감한 자산은 매도 후,
고성장 가능성 있는 자산으로 리포지셔닝
지역/유형 비중 재배분
부채 비율 점검 및 재조정

33. 꼬마빌딩 투자 노하우

"꼬마빌딩은 건물 가격이 30억 원 이하인
소형 상업용 부동산을 지칭한다."

입지 선정, 수익률 분석, 리모델링 전략, 임대 관리 등
여러 요소가 복합적으로 작용하는 투자 방식이며,
실물 자산을 통한 **안정적인 현금 흐름 확보**와
시세 차익을 동시에 추구할 수 있다는 점에서
많은 부자들이 선호하는 자산군 중 하나다.

1. 입지 선정 기준

입지는 수익률의 70% 이상을 결정짓는다.
AI는 유동 인구, 배후 수요, 경쟁 매장수, 대중교통 접근성 등
수많은 요인을 분석해 핵심 상권을 도출한다.
특히 **2차 메인 상권**, 즉 메인 거리에서 약간 떨어졌지만
유입력과 잠재 수익이 높은 구간이 투자 1순위로 부상한다.

2. 빌딩 구조와 용도 분석

건물 구조, 용도, 층별은 임대 효율성과 공실률에 큰 영향
예컨대 1층은 커피숍이나 편의점 같은 **집객형 임차인**을 두고,
2층 이상은 학원, 병원, 사무실 등 **체류형 임차**로 구성
AI는 과거 유사 건물의 **임대 구성 성공 사례**를 분석해

최적의 조합을 제안한다.

3. 수익률 분석

표면 수익률(Net Yield)뿐만 아니라
대출이자, 세금, 관리비 등 순수익(Net Income)을 기준으로 한 **실질 수익률**을 반드시 계산해야 한다.

AI는 공실률 예측과 향후 임대료 인상 가능성까지 반영해
IRR(내부수익률)기반으로 판단한다.
최소 4~6% 이상의 실질 수익률이 확보되어야
안정적인 수익형 자산으로 분류된다.

4. 리모델링 및 가치 상승 전략

낡은 건물을 소폭 리모델링해 신축 **수준 이미지**를 부여하면,
임대료는 물론 건물 가치도 함께 상승한다.
외관 정비, 화장실 개선, 엘리베이터 설치 등
작은 개선으로 **건물 브랜딩 효과**를 높이는 전략이 핵심이다.
AI는 주변 신축 건물의 임대료 및 매매 시세와의 차이를 분석하여 **투자 대비 기대 상승률**을 수치화한다.

5. 임대관리 자동화 시스템 활용

공실 관리, 임대료 납부 알림, 계약 갱신 등 번거로운 실무를 AI

기반 임대관리 솔루션으로 자동화할 수 있다.

이를 통해 **시간은 줄이고, 수익률은 높이는** 구조를 설계할 수 있으며, AI는 적절한 임대료 수준, 임차인 위험도 분석까지 제공해 투자의 리스크를 크게 줄여준다.

34. 재개발·재건축 예측 전략

"재개발과 재건축 투자는
장기적인 시세 차익을 노리는 전략이다."

입지, 정책, 사업 추진 속도, 조합 구성, 분담금 규모 등 수많은 변수로 인해 난이도가 높지만, 적절한 예측력과 분석력이 동반된다면 **수십 배의 수익**도 가능한 분야다.

1. 정비사업의 흐름 이해

재개발·재건축은 '정비사업'이라는 행정 절차의 일부이며,
정비구역 지정 → 조합 설립 → 추진위 승인 → 관리처분계획 → 이주 → 착공 → 분양이라는 단계로 진행된다.

AI는 이 단계별 속도를 **서울시·지자체 오픈 데이터**와 수년간의 흐름으로 분석하여, **추진 속도 예측 모델**을 구성할 수 있다.

2. 입지 및 상승 가능성 평가

재개발은 구도심의 가치 상승, 재건축은 노후 아파트의 재정비를 통한 **신축 아파트 공급 확대**를 주요 목적으로 한다.

AI는 유동 인구 변화, 교통망 개선, 학군, 직주근접 등
수요 요인을 기반으로 해당 지역의 **가치 상승 예측 시점**을 추산할 수 있다.
특히 GTX, 신설 노선 등 교통 호재는 가격 상승의 핵심 변수이다.

3. 조합 리스크 및 분담금 분석

분담금은 조합원 부담금으로, 추후 신축 아파트 분양가보다 비싸지는 경우도 발생한다.

AI는 과거 조합들의 **정비 비용, 시공사 계약 조건, 건축 스펙** 등 세부 데이터를 기반으로 **예상 분담금 규모**를 산출하고,
'수익률 역전 구간'을 조기 경고할 수 있다.

4. 지연·무산 리스크 예측

정비사업은 민원, 행정 지연, 조합 내 갈등 등으로
사업이 **10년 이상 지연**되거나 **무산**되는 경우도 많다.

AI는 유사 사업지의 패턴을 기반으로
지연 확률과 무산 가능성을 예측하고,

투자자에게 **투자 우선순위** 또는 **회피 경고**를 제공할 수 있다.

5. 분양가상한제 및 정책 영향 분석

정부 부동산 정책에 따라 수익 구조가 크게 달라질 수 있다.
AI는 분양가 상한제 적용 여부, 공공 재개발 확대, 조합원 분양 제한 등의 정책 변화를 **텍스트 마이닝**과 **시뮬레이션 기법**으로 분석하여, 정책 리스크가 낮은 지역을 우선 추천할 수 있다.

35. 월세 부동산 자동 관리 시스템

"월세 부동산은 안정적인 현금 흐름을 창출하는 대표적인 자산이다."

세입자 관리, 임대료 수금, 계약 갱신, 유지 보수 요청 등 다양한 업무를 해결하기 위해 AI와 자동화 시스템을 활용한 '월세 부동산 자동 관리' 전략이 주목받고 있다.

1. 임대료 수납 자동화 시스템

AI 기반 임대 관리 플랫폼은 세입자의 월세 입금 여부를 실시간으로 확인하며, 납기일이 지나면 자동으로 문자나 이메일로 연체 알림을 발송한다. 연체일 수에 따라 연체료가 자동 계산되며, 핀테크 API와 연동해 자동이체 시스템을 구축할 수 있다.

임대료는 임대인 계좌로 자동 입금되도록 설정할 수 있어 수납 업무가 효율화된다.

2. 계약 관리 자동화

AI는 임대차 계약 기간을 인식하고 갱신 시점에 자동 알림을 발송한다. 표준 임대차 계약서를 기반으로 신규 계약서를 자동 생성하며, 전자서명 플랫폼과 연동해 비대면 계약까지 처리할 수 있다.

계약 관련 질문, 입주 안내, 관리비 문의 등은 AI 챗봇을 통해 자동 응답이 가능하며, 반복 업무 부담을 줄이는 데 효과적이다.

3. 유지 보수 요청 자동 처리

세입자가 고장이나 하자를 신고하면 AI가 내용을 분류해 수리 업체와 자동 연동한다.

유지 보수 비용은 자동 정산되어 회계 시스템에 기록되며, 세입자와의 소통도 저장되어 분쟁 발생 시 증거로 활용할 수 있다.

4. AI를 활용한 공실률 관리

공실 발생 시 AI가 자동으로 부동산 플랫폼에 매물을 등록하고, 지역 시세, 경쟁 매물, 계절성, 수요·공급 데이터를 분석해 최적의 임대료를 산출한다.

예비 세입자와의 상담, 방문 예약, 계약 체결 등도 챗봇과 자동 메시지를 통해 대응할 수 있어 공실 기간을 단축할 수 있다.

5. 세무와 수익률 자동 분석

AI는 월별 임대 수입과 지출을 분석해 세금 신고용 자료를 자동 정리하고, 종합소득세 및 지방세 등에 대한 절세 방안을 제시한다.
이를 통해 임대인의 세무 업무가 간소화되고, 수익률 관리를 체계적으로 수행할 수 있다.

세입자 관리, 임대료 수금, 계약 갱신, 유지 보수 요청 등 다양한 관리 업무 문제를 해결하기 위해 AI와 자동화 시스템을 활용한 '월세 부동산 자동 관리' 전략이 부상하고 있다.

36. 부동산 법인 설립의 장점

"부동산 투자, 개인으로 할 것인가 법인으로 할 것인가"

왜 지금, 부동산 법인을 설립해야 할까?
부동산 시장이 **과세 중심 구조**로 재편되고 있다.

다주택자에 대한 세금 부담은 점점 커지고, 정부는 '개인 보유'보다 '법인 보유'를 유도하는 방향으로 흐른다.

따라서 현명한 투자자라면, 지금부터라도 **법인을 통한 부동산**

투자 전략을 고려해야 한다.

1. 법인을 설립하면 달라지는 것들

항목	개인 명의	법인 명의
종합소득세	최대 45%	법인세 10~22%
양도소득세	최대 77% (다주택자)	법인세율 적용 (장기 보유 유리)
상속·증여	자산 이전 시 과세 집중	주식 형태로 이전 가능
대출 한도	개인 소득 기준 제한	사업성과 담보 기준 대출 가능
세금 공제	일부 항목만 가능	감가상각, 비용처리 폭넓게 가능

2. 절세의 구조를 만든다: 법인의 세금 이점

법인은 소득의 일정 부분을 비용으로 처리할 수 있다.

예를 들면:

임대 관리자의 인건비

자동차 유지비 및 교통비

통신비, 사무실 임대료

교육비, 도서 구매 등

감가상각비, 수선비

이 모든 것이 **합법적인 비용 처리**로

과세소득을 줄이는 역할을 하게 된다.

예시:

1년에 2억 원 수익 발생 → 개인이면 약 8,000만 원 세금

법인은 비용 1억 처리 시, 과세소득 1억 → 약 2,000만 원 세금

3. 자산 증식의 장기 전략: 법인의 부동산 보유

법인의 장점은 단기 세금뿐 아니라 '자산을 다음 세대로 넘기는 구조'를 설계할 수 있다는 데 있다.

자녀에게 주식을 증여 → 부동산 직접 증여보다 세금 낮음

회사에 부동산 보유 → 매각할 경우도 법인세로 정리 가능

장기 보유 시 '자산+사업' 형태로 복합 운영 가능

이 구조는 곧 가문 자산의 가계도를 만드는 전략이다.

4. 투자 스케일을 키우는 레버리지 전략

개인 명의로는 대출이 한계가 있지만,
　법인은 사업 계획과 자산 구조에 따라 **다양한 금융 옵션**을 활용할 수 있다.

부동산담보대출 외에도 기업 운영자금, 설비자금 등 가능

크라우드펀딩, 투자유치도 가능 (사업 법인일 경우)

수익형 자산 다수 보유 시, 법인 신용도 상승으로 추가 대출 우대

즉, 법인은 단순 '투자자'가 아니라
'비즈니스 오너'로서의 가능성을 열어주는 도구이다.

5. 법인 설립 시 반드시 고려할 것들

업종 코드: 부동산임대업 외에도 부동산관리업, 컨설팅업 등 복합 구성
자본금 규모: 설립 후 신뢰도와 대출조건에 영향
법인 주소지: 세금 혜택, 규제지역 여부 따져야
대표자/임원 구성: 가족 포함 여부, 향후 상속 구조까지 고려
회계 처리 시스템: 전문 회계사의 도움 또는 자동화 회계툴 추천

Tip: 자산이 10억 원 이상이거나, 매년 3채 이상을 사고파는 경우 법인 설립이 거의 필수이다.

37. 전월세 전환율 계산 자동화

"전월세 전환율은 부동산 투자 수익률의 핵심 지표 중 하나"

월세 수익이 전세금 대비 얼마나 효율적인지를 판단하는 지표로, 투자자가 어떤 형태의 임대를 선택할지 결정하는 데 매우 중요한 역할을 한다. 하지만 이 계산은 단순 수치만으로 판단해서는 안 되며, 지역, 시세, 보유세, 공실률 등 다양한 요소들을 고려해

야 한다.

이러한 복잡한 계산과 판단을 AI로 **자동화**하면 실시간으로 가장 유리한 임대 전략을 설계할 수 있다.

1. 전월세 전환율의 개념

전월세 전환율이란, 전세 보증금을 월세로 전환할 때 적용되는 비율이다. 일반적인 공식은 다음과 같다:

전환율(%) = (월세 × 12) ÷ **전세 보증금** × 100

예를 들어, 전세금 2억 원짜리 아파트를 월세 100만 원으로 돌릴 경우, 전환율은 6%가 된다. 그러나 이 수치는 단순 비교에 불과하며, 실제 투자 수익률을 판단하기는 너무 단순하다.

2. 자동화의 필요성

현장에서 투자자들이 직면하는 문제는 '어떤 비율이 적정한가' 하는 것이다. 지역에 따라, 수요 공급에 따라, 심지어 계절에 따라도 전환율의 적정선이 달라진다. 수작업으로 모든 데이터를 모아 분석하는 것은 비효율적이며, 실수 가능성도 크다.

AI 자동화 시스템은 다음과 같은 정보를 실시간 분석한다:

지역 평균 전환율

유사 매물의 시세와 전환 형태

보유세, 재산세, 종부세 등 세금 요소

공실률과 월세 수금 리스크

예상 유지 보수 비용

실질 투자 수익률 비교

이를 바탕으로 "전세로 둘 것인가, 월세로 돌릴 것인가?"에 대한 최적의 결정을 도와준다.

3. AI 계산 모델 구축 방법

AI 기반 전월세 전환율 자동화 시스템은 다음과 같은 방식으로 구축할 수 있다.

1단계: 데이터 수집
공공데이터포털, 국토부 실거래가, 지역별 공시가, 부동산 플랫폼 API 등을 연동하여 전세·월세 시세 데이터를 실시간 수집한다.

2단계: 예측 모델 설계
머신 러닝 알고리즘(예: XGBoost, Random Forest 등)을 활용해 전환율 예측 모델을 학습시킨다. 입력 변수는 입지, 면적, 건축연도, 용도, 임대유형 등이 포함된다.

3단계: 의사결정 시스템
사용자가 월세로 돌릴 때 수익이 더 높은지, 전세로 둘 경우 안정성이 더 높은지 종합적으로 분석한 리포트를 제공한다.

4단계: 시각화 대시보드

각 지역, 각 자산에 대해 예상 수익률, 전환율, 공실 리스크 등을 시각화한 AI 대시보드를 제공하면, 투자자는 직관적으로 판단할 수 있다.

4. 실제 활용 예시

예를 들어, 서울 강서구에 30평형 아파트를 보유한 투자자가 전세로 둘지, 월세로 돌릴지를 고민한다고 하자.

AI는 최근 1년간의 지역 평균 전환율을 분석하고, 해당 면적의 유사 매물들의 수익률 데이터를 기반으로 다음과 같이 안내할 수 있다:

"현재 해당 지역의 전세가 대비 월세 수익률은 평균 5.2%이며, 공실률은 1.8% 수준입니다. 월세 110만 원으로 설정할 경우 연 수익률은 5.6%로 예상되며, 유지 보수 및 세금 포함 시 실질 수익률은 약 4.3%로 예상됩니다. 현재 시장 상황에서는 전세보다 월세 전환이 유리한 구조입니다."

이러한 분석은 투자자의 결정력을 높이며, 장기적인 자산운용 전략에도 큰 도움이 된다.

38. 부동산 세금 절세 전략

"부자가 되려면, 세금부터 다뤄야 한다."

당신은 얼마나 세금을 '의식'하고 있는가?
부동산을 통해 돈을 벌었다고 해서
그 돈이 전부 내 수중에 남는 건 아니다.

양도소득세, 종합부동산세, 취득세, 보유세, 등록세…
벌면 벌수록 가져가는 국가의 몫도 커진다.

그래서 진짜 부자들은
부동산을 사기 전에 먼저
'세금 시뮬레이션'부터 돌려본다.

1. 세금은 벌써 결정되어 있다

부동산 거래에서의 세금은
'사고 나서'가 아니라 '사기 전에' 이미 정해져 있다.

어떤 지역을 사는가?
주택 수가 몇 채인가?
개인인지 법인인지?
매도 타이밍은 언제인가?

이 모든 조건들이
이미 세금 금액을 결정짓는 공식을 구성한다.

투자자라면 "수익률"보다 "실수익률"을 계산해야 한다.
즉, "세후 수익률"을 보라는 뜻이다.

2. 주요 세금의 절세 전략

📌 양도소득세

1가구 1주택 비과세 요건 확보 (2년 보유+2년 거주)
장기보유특별공제 최대 활용 (최대 80%)
이혼, 증여, 분할 등을 통한 주택 수 조절

📌 종합부동산세

주택 수 줄이기 (가족 간 증여 or 법인 전환)
공동명의 활용 (인별 기본 공제 적용 가능)
공시가격 조정 지역 확인 후 매입 고려

📌 취득세

1주택자 규정 활용 (세대 분리, 증여 등으로 조절)
주택이 아닌 오피스텔, 상가 등으로 포트폴리오 분산
법인으로 매입 시 업종 및 목적에 따라 비과세 활용 가능

📌 증여세 · 상속세

자산 이전 시 '증여 시점의 가치'가 세금 기준

부동산이 아닌 **법인의 지분**을 증여하면 세율 유리

10년 주기 증여 한도 활용: 자녀당 5천만 원(성인), 2천만 원(미성년자)

3. 절세를 위한 전략적 도구들

도구	설명
법인 전환	세율 통제 + 비용 처리 + 자산 승계 가능
세대 분리	주택 수 기준 세대 단위 적용 → 자녀 세대 분리로 주택 수 분산
증여 & 명의 변경	부동산 가격이 낮을 때 미리 증여하면 장기적으로 큰 절세 효과
분양권 활용	분양권은 주택으로 간주되지 않기에 전략적 타이밍 활용 가능
공동명의 전략	배우자·가족과 공동으로 보유해 과세 대상 분산 및 공제 폭 확대

단, 절세는 '탈세'가 아니다.

전문 세무사와 상담 후, 합법적 범위 내에서 실행해야 한다.

4. 절세 전략의 핵심은 '타이밍'

부동산 세금은

사기 전, 보유 중, 팔 때

세 번의 타이밍에서 갈린다.

이 각각의 시점에서 어떤 전략을 쓰느냐에 따라

수천만 원에서 수억 원까지 세금 차이가 생긴다.

팔기 직전에 조정하려 하지 마라.
이미 늦었을 가능성이 높다.
미리 계산하고, 구조를 설계하는 것이 부자의 방식이다.

39. 상가, 오피스텔, 건물 AI 매입 타이밍

"언제 사야 할까? AI는 타이밍까지 알려준다."

"지금 들어가도 괜찮을까요?"
부동산 투자에서 가장 큰 고민 중 하나는 '언제 살 것인가'이다.
특히 수익형 부동산인 **상가, 오피스텔, 중소형 건물**은
수익률뿐 아니라 **타이밍**이 수익을 좌우한다.

하지만 우리는 미래를 예측할 수 없다.
그러나 AI는, **과거 수십 년 데이터를 기반으로**
'미래 가능성'을 수치화하여 보여준다.

1. 타이밍은 왜 중요한가?

✔ 같은 상가도 3개월 일찍 사면 **1억 더 벌었을 수도** 있다.
✔ 같은 오피스텔도 한 달새로 **공실률이 급변**할 수 있다.
✔ 건물 투자도 개발 계획 발표 한 달 전 매입은 **기회의 문**

즉, 타이밍이란
가치를 극대화하거나 리스크를 회피하는 열쇠이다.

2. AI가 분석하는 '매입 타이밍' 요소

AI는 다음과 같은 데이터 흐름을 읽어
매입 시기를 예측 또는 추천한다.

요소	분석 방식
수요 변화	유동인구 변화, 신규 입주민, 트렌드 키워드
공급 예정 물량	신규 분양 계획, 리모델링/재건축 일정
임대료 추세	월세 상승률, 공실률, 수익률 곡선
매매가 변동성	최근 6~12개월 시세 추이
정책 및 규제 리스크	세금/대출 규제, 상권 제한 조례
SNS 및 뉴스 언급량	핫플레이스화 가능성, 이슈 지역 트래픽
거래량 및 심리 지표	네이버 부동산 클릭 수, 호가 변화

AI는 이를 종합해 "지금은 보류/ 진입/ 기다림 추천" 등의 전략적 판단 기준을 제시한다.

3. 실전 사례: AI가 추천한 매입 타이밍

사례 1: ○○동 상가

2023년 상반기: 거래 한산, 공실률 22%

2023년 하반기: 대형 프랜차이즈 입점 예정 → AI는 "선매입 권장"

실제: 2024년 상반기 시세 1.7배 상승

AI는 브랜드 상권 입점 소식을 SNS 데이터에서 미리 포착했습니다.

사례 2: △△ 오피스텔

AI 분석: 인근 기업 확장 및 신규 입주 증가

공실률 8% → 2% 급감 예상

타이밍: 계약 만료 전 선매입 시 연 8% 수익률 가능

4. 어떤 AI 툴을 활용할 수 있을까?

플랫폼	활용 특징
리치고	임대료 시세 · 수익률 · 공실 분석, AI 타이밍 추천
밸류맵 AI	건물/상가 가치 분석 및 거래 타이밍 시뮬레이션
직방 AI 투자 시계	개발 호재, 상권 분석, 시세예측 기능 탑재
CRE AI 툴	상업용 부동산 전용, 빅데이터 기반 수익률 예측

AI는 '매수 타이밍'뿐 아니라
'보유 vs 매도' 전략까지 지원한다.

5. 부동산 투자, AI와 함께하면 달라진다

과거의 부동산 투자는
'지인이 알려준 정보'
'감으로 판단한 시점'에 의존했지만, 이제는 다르다.

☞ AI는 사람보다 빠르고 정확하게 '변화의 조짐'을 감지한다.
☞ 특히 상가/오피스텔/건물 투자처럼 변수가 많은 시장에서는 AI는 당신의 동업자이자 리스크 헷지 도구이다.

40. 글로벌 부동산 투자

"전통적으로 해외 부동산 투자는 '큰손' 혹은 '정보력이 뛰어난 사람들'의 전유물로 여겨져 왔다."

AI와 함께 국경을 넘는 자산 확장 전략이 가능하다.

언어, 법률, 세금, 시장 정보 등 장벽이 많기 때문이다.

하지만 AI가 이 모든 장벽을 '데이터'라는 공통 언어로 번역해 주면서, 이제는 누구나 글로벌 부동산에 접근 시대다.

1. AI로 투자 유망 도시 선별

어디에 투자할 것인지를 고르는 일은 생각보다 복잡하다.

하지만 AI는 GDP 성장률, 인구 증가율, 고용률, 도시 재개발 계획, 외국인 투자유치 정책 등 다양한 거시지표를 분석해 '다음 떠오를 도시'를 뽑아준다.

예를 들어, 동남아의 2선 도시, 동유럽의 IT 허브, 중남미의 관광 성장 도시 등이 대표적이다.

2. 국가별 부동산 정책 및 세금 분석

각국 부동산 투자 정책, 취득세 · 보유세 · 양도세 등은 천차만별

AI는 실시간으로 각국의 법과 세금 제도를 비교하고, 투자 수익에 가장 유리한 국가를 필터링해 준다.

예컨대, 조세 혜택이 큰 포르투갈이나 디지털 노마드를 위한 규제가 완화된 발리 등은 최근 주목받고 있는 지역이다.

3. 환율, 이자율, 물가 상승률까지 고려한 종합 판단

해외 부동산 수익률은 단순 임대수익이 아니라 환차익, 이자율 차이, 인플레이션 등에 따라 크게 달라진다.

AI는 이런 거시적 변수들을 통합 분석해 실질 수익률(Real ROI)을 계산해 준다. 단순히 "싸다."는 이유로 투자하는 것이 아니라, '장기적으로 가치가 오를 곳'에 집중하게 해준다.

4. 현지 부동산 데이터 자동 수집

해외 부동산 포털, 경매 사이트, 리츠(REITs) 정보, 공공기관의 통계 등 방대한 데이터를 AI가 자동 수집 · 분석한다.

투자자 입장에서는 별도의 리서치가 없이도 현지 매물의 시세, 수익률, 거래 이력 등을 한눈에 볼 수 있다.

5. AI 기반 리츠(REITs) 및 펀드 투자

해외 부동산 직접 투자 대신, AI는 글로벌 리츠나 부동산 펀드에 대한 분석을 통해 간접 투자 전략도 제공한다. 변동성, 배당 성

향, 보유 자산 유형 등을 분석해 어떤 리츠가 안정적인 수익을 가져올지를 알려준다.

6. 리스크 탐지와 대응 시뮬레이션

AI는 각국의 정치 불안정성, 외환시장 리스크, 자연재해 가능성 등 '변수'까지 모니터링, 투자자에게 실시간 경고 제공

주식 및 금융 투자 전략

41. AI 퀀트 기반 종목 선별법

"이제는 인공지능이 방대한 데이터를 바탕으로 '숨어 있는 알짜 종목'을 찾아주는 시대다."

데이터로 증명되는 투자, 감이 아닌 알고리즘의 시대

전통적인 투자 방식은 대부분 '감'과 '경험'에 의존해 왔다.

특히 **퀀트**(Quantitative, 계량적 투자) **기법**과 AI가 결합되면, 인간보다 훨씬 더 정밀하고 빠르게 유망 종목을 선별 가능

1. 퀀트의 핵심: 수치화된 기준

퀀트 투자란 기업의 재무제표, 주가 흐름, 시장 데이터 등 모든 정보를 수치화해 조건에 맞는 종목만 걸러내는 방식이다.

예를 들어, 아래와 같은 조건이 있다면 AI는 조건을 자동 만족하는 종목을 수백 개의 기업 중 단 몇 초 만에 찾아낸다.

PER(주가수익비율) 10 이하

PBR(주가순자산비율) 1.0 이하

ROE(자기자본이익률) 15% 이상

최근 4분기 연속 순이익 증가

배당수익률 3% 이상

이런 수치는 사람이 일일이 비교하기 어렵지만, AI는 데이터베이스를 기반으로 한 번에 분석해 준다.

2. AI가 퀀트를 만났을 때의 차이점

기존 퀀트는 단순 필터링이었다면, AI는 **패턴 학습**과 **예측**까지 가능하다. 예를 들어 특정 조건을 만족하는 종목이 과거에 어떤 주가 흐름을 보였는지를 학습

특정 시장 상황에서 어떤 종목이 더 안정적이었는지 분석

뉴스, 소셜미디어 데이터까지 결합해 정성적 요소까지 판단

즉, AI는 "이 종목은 숫자로만 보면 괜찮아 보이지만, 과거 유사한 케이스를 보면 급락 위험이 있다."는 식의 고려.

3. 실시간 종목 추적과 알림 시스템

AI 기반 퀀트 시스템은 실시간으로 종목을 추적하고 조건을 만족하면 알림을 보낸다. 예로 "오늘 오전 10시 기준, A기업이 퀀트 조건을 새로 만족함"이라는 정보를 투자자에게 자동 전송. 이 기능만으로 놓치기 쉬운 투자 타이밍을 잡기 가능

4. 리스크 필터링

수익률만 높은 종목이 아니라, **변동성이 낮고 리스크가 작은 종목**을 선별할 수 있다. AI는 베타값, 표준편차, VAR(예측손실률) 등 리스크 지표도 계산해 안정적인 종목을 걸러낸다.

하락장에도 상대적으로 덜 흔들리는 종목을 고르는 데 유용.

5. 개인 맞춤형 종목 추천

투자 성향(공격형, 안정형, 배당 선호 등)을 입력하면, AI는 그에 맞는 맞춤형 종목을 추천해 준다. **맞춤 퀀트 전략** 가능

42. 장기 투자 vs 단기 매매 전략

"투자의 세계에서 '시간이 돈이다'라는 말은
양면성을 가진다."

당신의 자산 성향에 맞는 AI 맞춤 전략 찾기

시간을 무기로 삼는 '장기 투자'가 있는가 하면, 시간을 쪼개며 수익을 추구하는 '단기 매매'도 존재한다. 두 전략은 각각의 장단점이 있으며, AI는 이 둘의 경계를 분석하고, 당신에게 최적의 투자 접근법을 제시할 수 있다.

1. 장기 투자: 복리의 마법, 기업의 성장을 함께하다

장기 투자는 워렌 버핏처럼 **좋은 회사를 골라 오랫동안 보유**하는 전략이다. 이 방식은 주가 변동에 일일이 반응하지 않고, **기업 가치의 성장에 초점을 맞춘다.**

장점:

세금 및 거래 수수료 부담 적음

복리 효과로 자산이 시간이 지날수록 성장

시장의 단기 변동에 흔들리지 않음

배당 및 기업 성장에 따른 자본이득

AI의 활용:
재무지표 기반 우량주 스크리닝
장기적 ROE, EPS 성장률 예측
뉴스, 산업 트렌드 분석 통한 미래 가치 추정
투자 기간별 목표 수익률 설정 및 모니터링

AI는 단순히 과거 데이터를 보는 것이 아니라, 장기 성장 가능성이 높은 기업을 식별해 낸다. 예를 들어 "5년 후에도 존재하고 성장할 가능성 높은 기업"을 학습된 모델로 예측한다.

2. 단기 매매: 기회 포착의 기술, 시세의 흐름을 타라

단기 매매는 **주가의 변동성과 타이밍**에 집중하는 전략이다.
주로 차트 분석, 뉴스 반응, 수급 데이터를 기반으로 빠른 매수/ 매도를 반복하며 수익을 낸다.

장점:
하락장에서도 수익 기회 포착 가능
시세의 흐름에 따라 높은 수익률 가능
투자자금의 빠른 회전 가능

AI의 활용:
실시간 시세 흐름 분석
AI 차트 패턴 인식(예: 상승 쐐기, 이중 바닥 등)

뉴스 반응 예측 모델링

딥러닝 기반의 수급 예측 시스템

투자심리도(과열, 침체, 매수 매도 타이밍)

AI는 단기 매매에 적합한 변동성 높은 종목을 자동으로 선별하고, 매매 타이밍을 시각적으로 알려주는 기능까지 수행할 수 있다. 또한 초단타(스캘핑) 전략에도 활용 가능한 알고리즘이 등장하고 있다.

3. 나에게 맞는 전략은? AI가 분석하는 투자 성향

많은 투자자들이 본인의 성향과 반대되는 전략을 선택해 손해를 본다.

AI는 투자자의 **거래 성향, 감정 반응, 과거의 매매 패턴, 재무 상황** 등을 종합 분석해 다음을 추천할 수 있다:

"당신은 장기투자자에 적합합니다. 월 1회 리밸런싱을 추천합니다.

당신은 빠른 판단과 손절을 잘하는 유형입니다. 단기 매매에 특화된 전략을 설계합니다."

이처럼 AI는 단순히 종목을 추천하는 것을 넘어, '**투자자의 습관과 성향**' 자체를 분석하여 전략을 제안한다.

4. 하이브리드 전략: AI가 연결하는 장단기 조화

가장 진보된 전략은 **장기성과 단기 기회를 병행** 방식이다.

예를 들어, 포트폴리오의 70%는 장기 우량주에 배분하고, 나머지 30%는 AI가 선별한 단기 매매 종목으로 운용하는 식이다.

안정성과 수익률을 동시에 추구
리스크를 분산하면서도 유연한 기회 대응 가능
AI는 이 균형을 자동 조정해 주는 기능도 수행할 수 있다.

즉, 시장이 불안정할 땐 단기 비중을 줄이고, 확실한 장세엔 장기 비중을 높이는 **적응형 포트폴리오 매니저 역할**까지 수행한다.

43. ETF 포트폴리오 자동 리밸런싱

"AI로 만드는 자산 분산의 마법, 리스크를 줄이고 수익을 높이는 스마트 포트폴리오 관리법이다."

1. ETF란 무엇인가?

ETF(Exchange Traded Fund)는 주식처럼 거래되지만,
하나의 종목 안에 **여러 자산이 담긴 인덱스 상품**이다.
즉, ETF 하나만으로도 여러 주식이나 채권, 원자재에 **간접 분산 투자**가 가능하다.

ETF는 다음과 같은 장점이 있다:
낮은 운용 수수료

다양한 자산군에 대한 접근성

실시간 거래 가능

높은 유동성

이러한 특성 때문에 **초보자부터 기관투자자까지** ETF를 활용

2. 리밸런싱의 필요성

ETF를 포트폴리오로 구성하면 시간이 지나면서 자산의 비율이 왜곡된다. 예로, 미국 주식 ETF가 급등하면 원래 40%였던 비중이 50% 이상으로 불어난다. 이 경우 위험이 한쪽으로 쏠리게 되므로, **주기적으로 비중을 조정**(리밸런싱)해야 한다.

리밸런싱은 다음과 같은 효과를 가진다:

리스크 조절, 이익 실현 및 저가 매수, 포트폴리오 규율 유지, 심리적 오판 방지

하지만 사람 손으로 수시로 조정하기는 시간도, 감정도 너무 소모되므로 **AI 자동 리밸런싱 시스템**이 큰 힘을 발휘한다.

3. AI 기반 자동 리밸런싱 시스템의 작동 원리

AI는 수천 개의 데이터를 학습해, 언제 어떤 비중으로 자산을 조절해야 할지 판단한다. 기본 구성은 다음과 같다:

자산 분류: 주식, 채권, 금, 원자재, 해외 ETF 등으로 구분

목표 비율: 예) 주식 60%, 채권 20%, 금 10%, 현금 10%

변동률 감시: 각 ETF가 기준 비율에서 얼마나 벗어났는지

매매 지시 자동 생성: 지정된 기준 이상으로 편차가 생기면 리밸런싱 트리거 발동

세금과 수수료 최적화 고려

AI가 판단한 결과, 기술주 ETF가 10% 초과 성장 → 일부 매도 → 에너지 ETF 저점 매수 → 비율 복구 + 기대 수익률 상승

이렇게 AI는 **편향된 자산을 줄이고, 저평가된 자산으로 옮기며** 수익과 안정성을 동시에 확보해 준다.

4. 사용자 맞춤 포트폴리오: AI가 설계하는 자산 분산 전략

AI는 투자자의 다음 요소를 반영해 맞춤형 포트폴리오를 설계한다. 투자 성향 (공격적/중립적/보수적), 투자 기간 (단기/중기/장기), 월 투자 가능 금액, 리스크 허용도, 선호 산업/ 국가/자산군

이를 통해 AI는 예를 들어 이렇게 제안할 수 있다:

"보수적인 투자자에게는 채권 ETF 50%, 금 ETF 20%, 글로벌 우량주 ETF 30%를 추천하며, 리밸런싱 분기마다 실행"

"공격적인 투자자에게는 기술주, 신흥국 ETF 중심으로 구성하며, 월간 리밸런싱으로 빠르게 대응"

5. 자동 리밸런싱을 위한 툴과 서비스 추천

AI 기반 리밸런싱을 돕는 도구는 다음과 같다:

퀀트 기반 앱: 웰스프론트(Welthfront), 블룸(Blooom), 시그파이(SigFig) 등

API 기반 자동화 도구: Alpaca, Tinkoff, 한국에서는 증권사 API + 파이썬 기반 구현

AI 투자 플랫폼: AI로봇 리밸런싱 시스템이 탑재된 플랫폼

6. 리밸런싱 주기와 AI 추천 기준

정기형: 월 1회, 분기 1회 등 고정 주기

임계값형: 자산 비율 일정 기준(예: ±5%)을 넘으면 자동 실행

혼합형: 정기 + 임계값 혼합

AI는 시장 변동성과 포트폴리오 편차를 감안하여 효율적인 방식으로 리밸런싱 타이밍을 판단한다. 이때 **세금, 수수료, 목표 수익률, 시장 변동성**까지 고려하므로, 인간보다 더 합리적이다.

44. 분산 투자 시스템 설계

**"한 바구니에 담지 않는 지혜,
AI로 완성하는 리스크 최소화 시스템이다."**

1. 분산 투자의 중요성

투자는 본질적으로 '불확실성' 위에서 이루어진다.

어떤 종목이 오를지, 자산이 위험한지 100% 확신할 수 없다.

이 불확실성에 대응하는 가장 고전적이면서도 효과적인 전략이 바로 **분산 투자**다.

"계란을 한 바구니에 담지 마라."는 말처럼, 자산을 다양한 영역에 나누어 투자하면

특정 자산이 폭락해도 전체 포트폴리오의 손실은 제한적이며 다양한 수익 기회를 동시에 추구할 수 있다.

2. AI가 설계하는 '진짜' 분산 투자 시스템

기존의 분산 투자는 단순히 자산을 나누는 수준에 머물렀다면, **AI는 수천 개 데이터를 학습하고, 실시간으로 위험을 예측하며, 동적으로 포트폴리오를 설계한다.**

AI 분산 투자 시스템은 다음 요소를 고려하여 작동한다:

자산군 다양화: 주식, 채권, 금, 원자재, 부동산, 현금, 가상자산 등

지역별 분산: 미국, 유럽, 아시아, 신흥국 등

산업군 분산: IT, 헬스케어, 에너지, 소비재 등

투자 스타일 분산: 성장주, 가치주, 배당주, ESG 등

통화 및 환율 리스크 분산: 달러, 유로, 원화, 엔화 자산 병행

이처럼 다양한 변수들을 **정량화하여 상관관계 분석**을 통해 서로 반대 방향으로 움직이는 자산을 조합하는 것이 핵심

3. 시스템 설계 단계별 접근

AI 기반 분산 투자 시스템은 다음의 5단계로 설계된다:

1) 투자자 프로파일링

투자자 성향, 목표 수익률, 허용 리스크, 투자 기간 등 입력

예: 보수적 성향, 연 수익률 6%, 리스크 최대 10% 허용

2) 자산군 분류 및 선정

AI가 전 세계 자산 데이터를 스크리닝, 적합한 자산군 추천

예: S&P500 ETF + 금 ETF + 신흥국 채권 + 국내 배당주

3) 상관계수 기반 분산 최적화

AI는 자산 간의 상관관계를 수치로 계산

서로 상관관계가 낮거나 음(-)의 자산을 조합 → 리스크 헷지 효과

4) 포트폴리오 구성 및 시뮬레이션

다양한 조합으로 백테스트 진행

예: 지난 5년간 수익률, 변동성, 최대 낙폭 등을 분석
   가장 적합한 구조를 자동 설계

5) 자동 리밸런싱 연동

앞서 다룬 AI 리밸런싱 시스템과 통합

시장 변화에 따라 비중 자동 조절

4. 예시 포트폴리오 구성

예: 중립형 투자자 AI 추천 포트폴리오

자산 항목	비중 (%)	설명
미국 성장주 ETF	30%	기술 중심 성장형
글로벌 채권 ETF	25%	안정적인 이자 수익
금 및 원자재 ETF	15%	인플레이션 헷지
신흥국 주식 ETF	20%	고수익 잠재력
현금성 자산	10%	유동성 확보

→ AI는 이 구성의 변동성과 수익률을 정기적으로 분석해, 시장에 따라 자동으로 비중을 조절한다.

5. AI 분산 투자의 진짜 장점

사람보다 빠르고 정확한 판단: 인간은 감정에 흔들리지만, AI는 수학적으로 리스크를 계산

24시간 감시 체계: 시장 급변 시 자동 대응 가능

예측 기반 설계: 과거가 아니라 미래 시나리오에 따라 분산 구조 제안

세금 효율 및 비용 최소화 설계 가능

45. AI 기반 주가 패턴 학습

"과거의 흐름에서 미래를 읽는 법,
AI가 그려내는 주가의 지도이다"

1. 왜 '패턴'이 중요한가?

주식 시장은 '비합리적'인 동시에 '패턴화된 행동'을 반복
인간의 감정, 뉴스, 금리, 수급 등 다양한 요인이 복합적으로 작용하지만, 그 모든 변수는 결국 **차트 위에 패턴**이라는 형태로 흔적을 남긴다. 대표적인 패턴은 다음과 같다:

헤드 앤 숄더: 고점 반전 신호
컵 앤 핸들: 상승 추세 지속
이중 바닥/ 이중 천장: 반전 가능성
박스권: 횡보 흐름
갭 상승/하락: 강한 매수 · 매도 신호

이 패턴은 **기술적 분석의 핵심이며, AI는 이 패턴을 인간보다 수천 배 빠르게, 수만 종목에서 동시에 학습**할 수 있다.

2. AI가 패턴을 '배우는' 방법

AI가 주가 패턴을 학습하는 핵심은 바로 **딥러닝 기반 시계열 분석**이다. 주가 데이터는 시간에 따라 변하므로 '시계열 데이터'로 분류된다.
여기서 AI는 다음과 같은 방식으로 패턴을 인식한다:

1) 히스토리컬 데이터 수집
개별 종목의 일별/분별/틱 단위 데이터 수집

가격, 거래량, 이동평균선, RSI, MACD, OBV 등 기술 지표 함께 저장

2) 라벨링 및 학습

과거 특정 패턴이 출현한 시점과 그 이후의 결과

3) CNN (합성곱 신경망) 적용

주가 차트를 이미지화하여 CNN으로 인식 → 패턴 시각화에 특화, AI는 인간처럼 차트를 '눈으로 보는 것처럼' 학습함

4) LSTM (장기기억 시계열 네트워크) 적용

주가의 흐름을 시간의 흐름대로 기억하고 예측

예: "과거 30일간 특정 움직임, 5일 내 3% 상승 확률 78%"

3. AI가 찾아내는 '숨은 패턴'

AI는 우리가 몰랐던, 혹은 인간의 직관으로는 인식을 못 했던 **매우 복잡한 형태의 주가 패턴**도 발견한다.

"급등 이후 3일 조정 + 거래량 감소 + RSI 40~50 → 7일 내 재반등 확률 71%"

"분기 실적 발표 후 2일 상승 + 다음 주 하락 → 단기 매도 전략 유효"

"MACD 데드크로스 + 이동평균선 역배열 → 다음 10일간 하락률 평균 -4.5%"

AI는 수많은 경우를 반복 학습하며,

정량화된 승률과 수익률 근거로 최적의 타이밍을 알려준다.

4. 활용 방법: 인간과 AI의 협업

AI 기반 주가 패턴 학습 결과는 단순히 '예측'이 아니라 **투자 전략 수립의 기준**이 된다.

AI 스크리닝 봇: 매일 아침, AI가 패턴, 종목 리스트 제공
확률 기반 매수 타이밍 추천: "해당 패턴 출현 → 익일 매수 시 2주 내 6% 확률 78%"
리스크 기반 대응 전략: 반대 패턴 출현 시 자동 손절 경고

투자자는 AI가 분석한 정보를 참고하여 감정 없는 매매 전략을 세울 수 있으며, 특히 단타 또는 스윙 트레이딩에서 탁월한 성과를 보인다.

5. AI 패턴 학습의 한계와 보완

AI도 완벽하지 않다. 시장은 새로운 변수(예: 전쟁, 팬데믹, 정치 불확실성 등)에 따라 비정상적 움직임을 보일 수 있다.

따라서 보완이 필요한 점은 다음과 같다:
과최적화(Overfitting): 특정 패턴에만 지나치게 최적화되면 예측 실패 가능
데이터 노이즈 처리: 급등락 또는 유동성 부족한 종목은 오차 증가
매수 후 전략 병행 필요: 패턴은 신호일 뿐, 실전에서는 분할 매수·손절 등 동반 전략 필요

46. 배당주 투자 AI 전략

"현금흐름과 안정성을 동시에, AI가 고른 수익형 종목의 정수"

1. 왜 배당주인가?

배당주는 주가 상승 외에도 '현금흐름'을 가져다주는 매력적인 자산이다. 배당주는 다음과 같은 장점이 있다:

지속적인 수익 흐름 확보 (연 1~4회 지급)
주가 하락 방어력 (배당으로 인해 하락폭 완화)
장기 보유 유도 (세금 혜택 및 복리 효과)
여기서 AI가 배당주 선정과 리스크 분석을 도와주는 역할

2. AI가 고르는 우량 배당주의 기준

AI는 수익률, 배당 안정성, 성장성, 지속성까지 종합 분석

1) 배당 성향 분석
순이익 대비 배당금 비율
AI는 기업의 이익 변동성과 배당 유지 가능성을 시뮬레이션

2) 과거 배당 히스토리
최근 5~10년간 배당 이력
감액, 무배당 이력이 있는 기업은 제외

3) 재무 안정성 지표

순자산가치, 부채비율, 유보율, 잉여현금흐름 등

AI는 '배당 가능한 재원'의 지속 여부를 예측

4) 산업 및 경쟁사 비교

동일 업종 내 배당 수익률 비교

AI는 업종 평균 대비 우수 종목 선별

5) 주가 밸류에이션 반영

PER, PBR 등과 배당수익률 종합 '배당 가치 매력도' 점수화

3. 배당 투자 전략 유형별 AI 활용법

1) 고배당주 스크리닝

AI는 전체 시장에서 배당수익률 4~8% 이상 기업 자동 선별

일시적 저평가에 의한 고배당도 구분해 줌

2) 배당 성장주 탐색

매년 배당을 증가해 온 기업 필터링

AI는 '향후 5년 배당금 증가 확률'까지 예측 가능

3) 정기 리밸런싱 시스템

분기별로 배당 매력도 점수 재산정

자동 포트폴리오 재구성

4) 배당락일 대응 전략

AI는 배당락일 전후 주가 흐름을 학습하여

매수 타이밍, 배당 후 매도 전략, 리스크 최소화 방안 제시

4. 실전 포트폴리오 예시: AI가 설계한 배당 투자

목표 수익률: 연 6~8% (배당 + 자본 이익)

구성: 산업별 분산 + 글로벌 자산 혼합

자산군	비중	예시 종목	AI 기준 설명
국내 고배당	40%	KT&G, 하나금융지주 등	안정적 순익 + 꾸준한 배당성향 유지
미국 배당왕	30%	Johnson & Johnson, P&G 등	25년 이상 연속 배당 증가 기업
리츠 (REITs)	20%	SK리츠, 아메리칸타워 등	임대수익 기반 현금흐름 확보
ETF (배당형)	10%	SPYD, VYM 등	자동 분산 + 정기 배당

5. 배당주의 리스크 요소와 AI의 대응법

배당컷(감액) 위험

→ AI는 이익 감소 패턴과 현금흐름 악화를 조기에 감지

주가 하락

→ 배당수익률이 높더라도 총수익률이 마이너스일 수 있음

→ AI는 기술적 분석과 병행해 하락 가능성 예측

인플레이션 리스크
→ 실질 배당가치 감소
→ AI는 금리, 환율 데이터와 연동해 방어 가능한 자산 추천

47. 가치주 vs 성장주 판단법

"저평가 보석을 고를 건가, 미래의 스타를 발굴할 것인가?"

1. 가치주와 성장주의 개념

먼저 이 두 용어를 명확히 정의해보자.

가치주(Value Stocks):
현재 저평가이나, 안정적인 수익과 자산을 보유한 기업.
PER, PBR 등 지표가 낮고, 배당을 꾸준히 지급하는 경우가 많다.

성장주(Growth Stocks):
아직은 수익성이 부족할 수 있으나, 미래 성장 가능성 기업.
고평가 상태일 수 있지만, 높은 매출 성장률과 기술력으로 주가가 치솟는다.

2. 기본적인 판단 기준

구분	가치주	성장주
PER	낮음	높음
PBR	낮음	높음
매출 성장률	안정적이거나 낮음	매우 높음
배당금	있음(보통 높음)	없음(또는 낮음)
위험성	상대적으로 낮음	상대적으로 높음
투자기간	중장기	중장기 또는 단기급등 가능성

3. AI를 활용한 판단 방법

AI는 가치주와 성장주를 구분하고, 그중에서도 **매력적인 종목**을 선별할 수 있다.

1) 가치주 선별 AI 기준

PER, PBR이 업계 평균보다 **현저히 낮은 종목**

ROE(자기자본이익률), 부채 비율 등 **재무 건전성** 필터

과거 배당 히스토리와 **현금흐름 안정성**

AI는 저평가 지수와 **시장 오해 요인**(악재성 루머 등)까지 분석해 준다.

2) 성장주 선별 AI 기준

3년 연속 **매출/영업이익 증가율**

R&D 투자 비율 및 기술 특허 보유

뉴스, SNS 등에서의 **언급량 급증 트렌드 감지**

AI는 수익모델과 사업 확장 계획을 기반으로 **주가 상승 가능성** 예측

4. 실전 투자 전략: 혼합 포트폴리오 구성

AI는 '가치주와 성장주를 5:5 또는 6:4 비율'로 구성해 **리스크 분산형 포트폴리오**를 추천한다.

유형	예시 종목	AI 분석 포인트
가치주	POSCO홀딩스, 하나금융지주	저PBR + 고배당 + 실적 안정성
성장주	에코프로비엠, 엔비디아	고성장 산업 + 기술력 + 뉴스버즈 급증
ETF 혼합	VTV(가치) + QQQ(성장)	자동 리밸런싱으로 리스크 완화

AI는 시장 변동성, 실적 발표, 정책 변화에 따라 이 비율을 **자동 조정**하며 매월 리밸런싱을 통해 수익률을 최적화한다.

5. 투자자의 성향에 따른 추천 전략

보수적인 투자자: 가치주 중심 + 배당형 ETF
공격적인 투자자: 성장주 중심 + 고성장 테마형 ETF

균형형 투자자: 가치 60% + 성장 40% + 정기 리밸런싱

AI는 투자자의 **성향, 나이, 투자 기간, 감정 분석 데이터**를 반영하여 맞춤형 자산 배분 전략도 설계해 준다.

가치주는 '시간이 흘러야 진가를 드러내는 진주'이고,
성장주는 '뜨거운 불꽃처럼 빠르게 빛나는 별'이다.

이 둘을 어떻게 섞느냐는 당신의 투자 철학에 달려 있다. 하지만 AI는 이 고민을 덜어주고, 숫자 뒤에 숨은 진실을 파헤쳐주는 조력자이다.

48. 증권 API 활용한 자동매매 구축

"손이 아니라 코드가 움직이는 스마트 투자 시스템"

1. 자동매매란 무엇인가?

자동매매는 사전에 정해진 알고리즘이나 조건에 따라 **AI 혹은 시스템이 자동으로 주식 매매를 수행하는 것**이다.
휴먼 오류를 줄이고, 감정 개입 없이 냉정한 매매를 실현할 수 있다는 점에서 많은 투자자들이 자동매매 시스템에 주목

2. 증권 API란?

API(Application Programming Interface)는 투자자가 자신의 프로그램에서 직접 **증권사와 실시간으로** 데이터를 주고받을 수 있도록 열어놓은 통신 창구이다. 대부분의 국내외 주요 증권사들은 다양한 형태의 API를 제공한다.

주요 증권사 API 예시:

한국투자증권 Open API

키움증권 Open API+

미래에셋 m.Stock API

알파퀀트/ 미국 Alpaca API (해외 주식용)

3. 자동 매매 구축을 위한 기본 절차

API 연동 및 인증

증권사 홈페이지에서 Open API 신청

발급받은 키(API Key)로 로그인 및 인증 처리

OAuth2 기반 인증 방식을 적용하는 경우도 있음

실시간 시세 및 주문 데이터 수신

관심 종목의 실시간 호가, 거래량, 체결 정보 수집

매수/매도 조건 충족 시 자동으로 주문 발동

조건 설정 알고리즘 작성

예: "5일 이동평균이 20일선을 골든 크로스하면 매수"

또는 "변동성 돌파 전략", "RSI 30 이하 진입" 등

Python, JavaScript, R 등으로 구현 가능

리스크 관리 시스템 탑재

최대 손실 한도 설정

분할 매수/매도 시스템

자산별 비중 조절 기능

자동 보고 및 로깅

거래 내역 자동 저장

매일 이메일 또는 메신저로 성과 요약 전송

4. AI의 역할은 어디에 있는가?

AI는 단순 매매 조건이 아니라, 시장 상황을 종합 분석해 **동적으로 조건을 업데이트** 또는 **자기학습으로 조건을 정교화**한다.

예를 들어, AI는 다음을 수행할 수 있다:

변동성 급등 예측 → 거래량 기반 빠른 대응

뉴스 및 공시 기반 **감성 분석 후 매매 판단**

과거 수천 개의 차트를 학습해 패턴 매칭 매매

5. 자동매매 예시 코드 (Python + 키움 API)

python 복사 편집

```
# 조건: 20일 이동평균선 상향 돌파 시 매수
if ma_5[-1] > ma_20[-1] and ma_5[-2] <= ma_20[-2]:
```

kiwoom.send_order("Buy", "0101", account, 1, "005930", 0, 0, "03", "")

위 코드는 간단한 예제이지만, AI와 결합하면

수천 개 종목 중에서 조건을 충족하는 종목을 실시간으로 추출하고, 각각에 대해 다른 알고리즘을 적용할 수 있다.

6. 주의할 점

실전 자동매매는 **백테스트와 모의투자**를 반드시 선행해야 한다. API 연결은 주식시장 영업시간에만 가능하고, 일부 증권사는 **비상업적 목적에 한해서만 API 사용을 허용**한다.

서버 장애, 인증 만료 등의 리스크 대응책도 필요하다.

7. AI 자동매매로 가능해지는 미래

사람이 잘 수 있는 동안에도 **AI가 대신 수익 만들어주는 구조**

수많은 조건, 지표, 뉴스 등 실시간 학습 진화하는 매매 전략

시장의 감정, 패턴을 **예측 가능한 수치로 전환**하는 알고리즘

49. 글로벌 주식 투자 AI 분석

"세계를 무대로, 인공지능과 함께 투자하는 시대"

1. 왜 글로벌 주식인가?

국내 시장은 한정적이다.

경제성장률, 산업 다양성, 환율 등 여러 제약 속에서 국내 주식만 바라보기엔 기회가 너무 좁다.

반면 글로벌 주식 시장은 다음과 같은 장점이 있다:

다양한 산업군에 분산 투자 가능

달러 등 외화 자산 확보 가능

AI · 테크 · 헬스케어 등 성장 산업 접근

시차를 이용한 24시간 투자 가능성

2. AI가 글로벌 주식에서 하는 역할

전 세계에는 수천 개의 기업과 지표, 뉴스가 쏟아진다.
이걸 사람 혼자 분석하기는 불가능하다.
바로 여기에 AI의 능력이 빛을 발한다.
AI는 글로벌 주식에서 다음과 같은 방식으로 활용된다:

1) 다국적 뉴스/공시/재무 데이터 분석

영어, 일본어, 중국어 등 다국어 분석으로 기업 뉴스 해석
실시간 Earnings 발표, 가이던스 조정 등 자동 반영

2) 글로벌 증시 상관관계 추적

미국 S&P500과 독일 DAX, 일본 니케이 등의 연동성 분석
특정 산업군 움직임에 따른 동시다발적 투자 전략

3) 지역별 리스크 탐지 및 대응

지정학적 리스크, 금리 정책 변화 등 리스크 요인 선제 탐지

AI는 이상 징후를 빠르게 감지, 포트폴리오 자동 조정 가능

3. 글로벌 투자 AI 분석 시스템의 구성 요소

데이터 수집 엔진

Yahoo Finance, Alpha Vantage, Quandl, Bloomberg API 등 활용

기업 재무제표, ETF 성과, 실적 발표 일정 등 수집

자연어처리 기반 뉴스 분석기

예: "TSMC 생산 차질 발생" → 반도체 산업 전반 경계

감성 분석, 주제 분류, 사건 요약 기능 포함

AI 기반 종목 스크리닝

성장률, ROE, 부채비율, P/E 등 **펀더멘털 기반 필터링**

기술적 분석과 결합한 **멀티지표 랭킹 시스템**

국가/산업군 포트폴리오 자동 분산

예: 미국 테크 40%, 인도 소비재 20%, 베트남 부동산 10% 등

국가 간 자산 상관계수 분석으로 **리스크 최소화**

4. 실전 적용 예시

예) AI가 선별한 글로벌 주식 포트폴리오

국가	종목	선택 이유
미국	Nvidia	AI 산업 성장 수혜, 실적 고성장
인도	HDFC Bank	금융 서비스 확장, 인구 증가
베트남	Vinhomes	도시화 급진행, 부동산 상승
독일	Siemens	ESG 기반 산업 자동화 수혜

1) 파이썬(Python) + 라이브러리

pandas: 데이터 처리

ta-lib또는 finta: 기술적 지표 계산

matplotlib/plotly: 시각화

backtrader: 전략 백테스트 및 시뮬레이션

2) 트레이딩뷰(TradingView)

Pine Script로 지표 및 자동 경고 신호 설정

다양한 사용자 전략을 공유 · 수정 가능

3) 메타트레이더(MT4/MT5)

EA(Expert Advisor)로 알고리즘 전략 자동 실행

외환 및 글로벌 시장 분석에 강력

4) 증권사 API

키움증권, 미래에셋, 미국 Alpaca API 등으로

조건 검색 + 자동 매매까지 연계 가능

5. AI 기술을 접목한 고급 기술적 분석

기술적 지표만으로는 **정확한 예측에 한계가** 있다.
그래서 머신러닝 모델이 접목된다:

- 예측 모델의 예시:

    LSTM (시계열 예측): 주가 흐름의 미래 예측

    Random Forest/LightGBM: 매수 · 매도 신호 판단

강화학습: 자동매매 정책 최적화

- 특징:

    기존 지표보다 **더 빠르게 추세 변화를 감지**

    복합적인 조건(거래량, 뉴스, 가격 변동률 등) 고려

    시장 노이즈를 제거한 고정밀 판단

6. 기술적 분석 자동화의 실제 시나리오

예시: RSI + 이동평균선 교차 전략 자동화

매일 오전 9시, 데이터 수집

RSI가 30 이하 → 과매도 상태 판단

단기 MA가 장기 MA 상향 돌파 시 → 매수 신호

자동 매수 실행 및 조건 만족 시 익절 또는 손절

로그 기록 및 전략 피드백 수집

이 과정을 코딩하면, 사람이 손 댈 필요 없이
자동으로 분석 → 판단 → 실행이 이뤄진다.

7. 주의점: 과최적화와 허상 경계하기

과거 데이터에 지나치게 맞춘 전략은
실제 시장에서는 통하지 않을 수 있다.
이를 과최적화(Overfitting)라고 한다.
기술적 분석은 **심리의 반영**이기도 하다.
따라서 항상 **뉴스, 기업 이벤트, 매크로 이슈**도 함께 고려해야
한다.

50. 기술적 분석 자동화

"인공지능과 알고리즘이 만드는 새로운 투자 판단의 기준"

1. 기술적 분석이란?

기술적 분석(Technical Analysis)은 **주가 차트와 거래량의 패턴을** 바탕으로 향후 가격의 방향성을 예측하는 기법이다.

대표적인 분석 도구는 다음과 같다:

이동평균선(MA), MACD, RSI, 스토캐스틱, 볼린저 밴드, 캔들 패턴 (도지, 해머, 장악형 등), 추세선과 지지 · 저항선

하지만, 이러한 지표들을 수동으로 계산하고 해석하는 데는 많은 시간과 감정의 개입이 생긴다.

여기서 'AI와 자동화'가 들어오면 전혀 다른 세계가 열린다.

2. 기술적 분석의 자동화란?

자동화는 반복되는 기술적 분석 과정을 **스크립트나 AI 모델로 정형화해, 빠르게 판단을 내리도록 하는** 시스템이다.

자동화가 가능한 영역은?

실시간 차트 데이터 수집

지표 계산 및 추세 분석

조건 매칭(신호 발생)

백테스트 및 최적화

자동매매 연동

3. 기술적 분석 자동화를 위한 핵심 도구들

1) 파이썬(Python) + 라이브러리

pandas: 데이터 처리

ta-lib또는 finta: 기술적 지표 계산

matplotlib/plotly: 시각화

backtrader: 전략 백테스트 및 시뮬레이션

2) 트레이딩뷰(TradingView)

Pine Script로 지표 및 자동 경고 신호 설정

다양한 사용자 전략을 공유 · 수정 가능

3) 메타트레이더(MT4/MT5)

EA(Expert Advisor)로 알고리즘 전략 자동 실행

외환 및 글로벌 시장 분석에 강력

4) 증권사 API

키움증권, 미래에셋, 미국 Alpaca API 등으로

조건 검색 + 자동 매매까지 연계 가능

4. AI 기술을 접목한 고급 기술적 분석

기술적 지표만으로는 **정확한 예측에 한계가** 있다.

그래서 머신러닝 모델이 접목된다:

- 예측 모델의 예시:

    LSTM (시계열 예측)**:** 주가 흐름의 미래 예측

    Random Forest/LightGBM: 매수 · 매도 신호 판단

    강화학습: 자동매매 정책 최적화

- 특징:

기존 지표보다 더 빠르게 추세 변화를 감지

복합적인 조건(거래량, 뉴스, 가격 변동률 등) **고려**

시장 노이즈를 제거한 고정밀 판단

5. 기술적 분석 자동화의 실제 시나리오

예시: RSI + 이동평균선 교차 전략 자동화

매일 오전 9시, 데이터 수집

RSI가 30 이하 → 과매도 상태 판단

단기 MA가 장기 MA 상향 돌파 시 → 매수 신호

자동 매수 실행 및 조건 만족 시 익절 또는 손절

로그 기록 및 전략 피드백 수집

이 과정을 코딩하면, 사람이 손 댈 필요 없이 자동으로 분석 → 판단 → 실행이 이뤄진다.

6. 주의점: 과최적화와 허상 경계하기

과거 데이터에 지나치게 맞춘 전략은

실제 시장에서는 통하지 않을 수 있다.

이를 과최적화(Overfitting)라고 한다.

기술적 분석은 심리의 반영이기도 하다.

따라서 항상 뉴스, 기업 이벤트, 매크로 이슈도 함께 고려해야 한다.

코인 및
디지털 자산 전략

51. 블록체인과 Web3 이해

"디지털 자산 시대의 근본 기술과 패러다임 전환"

1. 블록체인이란 무엇인가?

블록체인은 쉽게 말하면,
거래 기록을 '블록'에 담아 연결한 디지털 장부 시스템이다.
이 장부는 중앙 서버에 저장되지 않고,
수많은 컴퓨터(노드)에 복제되어 동기화된다.

핵심 특징:
탈중앙화: 중간 관리자 없이 모두가 장부를 공유
불변성: 한 번 기록된 내용은 수정 불가
투명성: 누구나 거래 내용을 검증 가능
보안성: 암호화 기술로 해킹이 사실상 불가능

2. 왜 블록체인이 중요한가?

기존 시스템은 신뢰를 중앙기관(은행, 정부)에 의존했다.
블록체인은 이를 **수학적 검증**과 **참여자 합의**로 대체한다.
즉, 블록체인은 신뢰를 '기술'로 대체한 혁명이다.
그 결과 등장한 것이 **비트코인**, **이더리움**, 그리고 **수천 개의 디지털 자산**들이다.

3. Web1 → Web2 → Web3

인터넷의 세 가지 시대를 정리하면 아래와 같다:

시대	설명	예시
Web1 (읽기)	정보 제공 중심의 정적 웹	네이버 블로그, 지식인
Web2 (읽고 쓰기)	사용자 참여 기반, 플랫폼 중심	페이스북, 유튜브
Web3 (읽고 쓰고 소유)	블록체인 기반, 탈중앙화	디파이, NFT, DAO

Web3는 사용자가 데이터를 소유하고,
중앙 플랫폼 없이 가치와 권리를 거래할 수 있게 한다.

4. 블록체인이 가져오는 새로운 경제 구조

블록체인을 통해 자산은 더 이상 종이나 서버에만 존재하지 않는다.

토큰화(Tokenization)를 통해
모든 자산이 디지털화되고, 즉시 거래 가능한 상태로 바뀐다.

주요 개념:

호화폐: 비트코인, 이더리움 등 가치 저장 수단

스마트 컨트랙트: 자동화된 계약 실행 프로그램 (이더리움 핵심)

디파이(DeFi): 은행 없이 금융 서비스 구현

NFT: 디지털 파일의 유일한 소유권 증명

DAO: 탈중앙화 자율조직, 구성원이 공동 운영

5. Web3가 개인에게 주는 기회

Web3는 다음과 같은 새로운 기회를 제공한다:

토큰 보상 기반 생태계 참여: 기여하면 수익(보상)
탈중앙 금융(DeFi) 활용: 은행 없이도 이자 수익 창출
디지털 자산 보유: NFT, 메타버스 부동산 등
DAO 참여: 글로벌 조직 운영에 직접 기여

이제는 단순히 인터넷을 '사용'하는 시대를 넘어
인터넷을 '소유'하고 '영향력'을 행사하는 시대다.

6. Web3와 AI의 융합 가능성

AI와 Web3는 서로 다른 기술이지만,
결합될 경우 **새로운 디지털 경제의 기반**이 될 수 있다.

예:
AI DAO: 인공지능이 운영하는 자율 조직
AI 분석 기반 NFT 가치평가
Web3 데이터로 학습하는 AI

AI는 Web3의 데이터 흐름을 분석하고 최적화하며,
Web3는 AI의 행동에 대한 보상 및 제어 구조를 제공한다.

52. AI로 시세 예측하는 방법

"데이터 기반의 투자 전략과 미래가치 탐색"

1. 시세 예측이 중요한 이유

자산 투자에서 가장 어려우면서도 중요한 것은
언제 사고, 언제 팔아야 하는지 타이밍을 결정하는 것이다.
인간의 직관과 감에 의존하던 전통적 방식은
데이터 분석 기반의 AI 예측 모델로 빠르게 대체되고 있다.

2. 시세 예측에 사용되는 AI 기술

AI는 과거의 수많은 데이터를 학습하여 미래의 가능성 있는 움직임을 추정한다. 대표적인 기술들은 다음과 같다:

머신러닝(Machine Learning):

데이터를 학습해 패턴을 찾고, 예측 모델을 만든다.

(예: 과거 가격 패턴 → 미래 시세 예측)

딥러닝(Deep Learning):

복잡한 신경망을 통해 더 정교한 예측 가능

(예: LSTM, RNN으로 시계열 데이터 분석)

강화학습(Reinforcement Learning)**:**

보상을 기준으로 스스로 투자 전략을 학습

(예: AI가 사고파는 타이밍을 스스로 결정)

자연어 처리(NLP)**:**

뉴스, SNS, 리포트 등을 분석해 시장 분위기를 판단

(예: "금리 인상" 뉴스가 나오면 하락 가능성↑)

3. AI 시세 예측의 핵심 요소

1) 데이터 수집 (Data Gathering)

과거 가격 데이터 (캔들 차트, 거래량 등)

경제 지표 (금리, 물가, 실업률 등)

글로벌 뉴스 및 트렌드 (정책 변화, 전쟁 등)

2) 데이터 전처리 (Data Preprocessing)

결측치 보정, 이상치 제거, 정규화 작업

3) 특징 추출 (Feature Engineering)

이동평균, 변동성, RSI, MACD 같은 기술 지표

트렌드 반전, 추세 지속 등 신호 감지

4) 모델 학습 (Model Training)

AI 모델을 학습시켜 예측력을 개선

테스트와 검증 과정을 반복하여 성능 향상

5) **실시간 적용** (Live Inference)

현재 데이터 입력 시 실시간 예측 제공

자동 매매 시스템과 연동 가능

4. AI 시세 예측 실전 예시

예시 1: 비트코인 시세 예측 AI

1시간, 1일 단위 가격 데이터 수집

과거 30일치 캔들 차트를 LSTM 모델에 입력

매수/매도 시점 자동 판단 → 수익률 향상

예시 2: 주식 종목 가격 예측 시스템

S&P500 기업 데이터 수집

뉴스 기사 긍/부정 감성분석 연동

상승 확률이 높은 종목 선별하여 투자

5. 활용 가능한 도구 및 플랫폼

Python + Pandas + Scikit-Learn:

가장 기본적인 머신러닝 예측 조합

TensorFlow / PyTorch:

딥러닝 기반 예측에 적합

Prophet (Meta 개발)**:**

시계열 데이터 예측 특화 도구, 간단하고 정확함

Hugging Face / OpenAI API:

자연어 처리를 통한 뉴스 분석, 감성 예측

자동화 툴:

TradingView + Pine Script, MetaTrader, Binance API 등과 연동하여 자동 매매 구축

6. 주의점 및 한계

AI도 '확률적 예측'일 뿐 100% 정답은 없다.
예측력은 데이터의 품질과 양, 시점에 따라 크게 좌우된다.

53. 분산 지갑과 보안 자동화

"디지털 자산 시대의 핵심 생존 전략"

1. 왜 분산 지갑이 필요한가?

디지털 자산은 **온라인에 존재하는 고가의 자산**이다.
단 하나의 지갑에 모든 자산을 담아두면?
→ 해킹, 분실, 접속 장애 시 **치명적인 손실이 발생**한다.
그래서 등장한 개념이 분산 지갑(Distributed Wallet)이다.
"한 바구니에 모든 달걀을 담지 말라" 원칙 적용

2. 분산 지갑이란 무엇인가?

분산 지갑이란 자산을 **여러 개의 지갑에 분산 보관하는** 방식이다.

중앙화된 거래소 계정

하드웨어 지갑(콜드 월렛)

모바일/ 웹 지갑(핫 월렛)

MPC(Multi-Party Computation) 기반 지갑

멀티시그(Multisig) 지갑

이렇게 여러 형태의 지갑에 분산 저장함으로써
리스크를 최소화하고 보안성을 극대화할 수 있다.

3. 지갑 분산의 실전 구성 예시

30%: 거래소 지갑 (실시간 거래용)

40%: 하드웨어 지갑 (장기보관용)

20%: 모바일 핫월렛 (소액결제, 일상 사용)

10%: 멀티시그 지갑 (법인 공동 보관용)

이처럼 비율을 나누고, 목적에 따라 분산하여
해킹, 사기, 키 분실 등의 위험을 줄일 수 있다.

4. 보안 자동화의 개념

수동으로 백업하고 키를 관리하는 시대는 끝났다.
이제는 AI와 시스템을 활용한 **보안 자동화** 시대이다.

주요 자동화 보안 예시:

자동 백업 시스템:

월렛 키, 시드 구문을 암호화하여 자동 백업

(예: 클라우드 + 로컬 + 외부 디스크 3중 보관)

지정 IP/디바이스 접속 제한:

허용된 환경에서만 로그인 가능하게 설정

2차 인증 자동 알림 시스템:

로그인/출금 시 푸시 알림 + OTP 연동

거래 감지 AI:

이상 거래 감지 시 자동으로 출금 제한 또는 사용자 알림

AI 보안 점검 봇:

일일 보안 상태 점검, 취약점 발견 시 이메일 경고

5. 활용 가능한 도구와 기술

Ledger Live / Trezor Suite:

하드웨어 지갑과 연결되는 통합 관리 플랫폼

Gnosis Safe / Fireblocks:

기업용 멀티시그 지갑 관리 서비스

Bitwarden / 1Password:

지갑 키/시드 암호화 저장 및 이중 인증 기능

Zelcore / Exodus / Trust Wallet:

여러 지갑과 자산을 통합 관리하는 사용자 중심 지갑 앱

AI 기반 이상 거래 감지 API:

특정 패턴 이상 거래 자동 탐지 시스템 개발 가능

6. 분산지갑 관리 자동화 팁

자동화 체크리스트 구성:

월 단위로 보안 상태 점검 루틴 설정

지갑 리밸런싱 자동화:

일정 조건(예: 특정 코인 가격 급등) 시 자산 분산 재배치

위험시 자동 퇴출 기능:

지정 금액 이상 송금 발생 시 출금 일시정지 기능 삽입

가족 혹은 신뢰자와의 연계:

사고 발생 시 접근 가능한 백업 키 분산 구조 설계

7. 주의할 점

절대적으로 안전한 시스템은 없다.

→ **항상 복수의 보안 계층**을 유지하자.

자동화가 복잡할수록 사용자는 **오히려 헷갈릴 수 있다.**

→ 단순하고 직관적인 인터페이스로 설계할 것.

오픈소스 툴 사용 시 반드시 **검증된 프로젝트**를 선택하자.

54. 디파이(DeFi) 수익 창출

"중앙을 벗어난 금융의 기회, AI와 함께 누리기"

1. 디파이란 무엇인가?

DeFi(Decentralized Finance, 탈중앙화 금융)는
은행, 증권사 같은 중앙기관 없이도 블록체인 기술을 통해 금융

서비스를 이용할 수 있는 시스템이다.

이자는 누가 정하나?

→ 스마트 계약이 자동으로 계산한다.

누가 돈을 맡아 관리하나?

→ 블록체인 네트워크와 알고리즘이 처리한다.

"DeFi는 은행 없는 금융이다."

2. 디파이로 돈 버는 방법

디파이는 단순히 새로운 기술이 아니다.

실제 수익을 창출할 수 있는 강력한 도구다.

대표적인 수익 창출 방식은 다음과 같다:

이자 농사(Yield Farming)

유동성을 공급하면 그 대가로 토큰을 받는 방식

예: A토큰과 B토큰을 풀(Pool)에 예치 → 수익 발생

스테이킹(Staking)

특정 코인을 일정 기간 예치하여 블록 생성 보상 획득

예: 이더리움, 솔라나, 폴카닷 등에서 가능

렌딩(Lending)

코인을 빌려주고 이자를 받는 구조

자동화된 스마트 계약이 원금+이자를 보장

디파이 지갑에 예치

디파이 은행처럼 작동하는 지갑에 예치하고 연 수익률 획득

AI 기반 리밸런싱 수익

수익률 높은 풀로 자동 이동 → 복리 수익 극대화

3. AI를 활용한 디파이 수익 최적화

DeFi는 시장이 빠르게 변하기 때문에 AI를 통해 전략적으로 접근하면 **지속 가능한 수익 창출 가능.** AI 자동화 전략 예시

풀 수익률 모니터링:

AI가 매일 수백 개 풀을 스캔해 최적의 APR(연 수익률) 탐색

디파이 리밸런싱 봇:

지정 조건에 따라 자산 자동 이동 → 이자 농사 효율 극대화

스테이킹 만기 자동 추적:

만기일에 자동 인출 및 재스테이킹

리스크 분석 자동화:

스마트 계약 보안점수 분석, 위험도 높은 프로젝트 사전 회피

4. 대표적인 DeFi 플랫폼 소개

플랫폼	주요 기능	특징
Aave	대출/차입	담보 기반, 비허가형
Compound	이자 수익	실시간 이율 변경
Uniswap	유동성 풀	자동 시장 조성자(AMM)
Curve	스테이블코인 거래 최적화	낮은 슬리피지
Yearn Finance	자동화된 수익 전략	전략 모듈 제공

5. 디파이 수익률의 현실과 허상

DeFi에서는 때로 100% 이상 APY(연간 수익률)를 볼 수 있다. 그러나 대부분은 다음과 같은 리스크를 안고 있다.

러그풀(Rug Pull):

개발자가 프로젝트를 갑자기 닫고 도망가는 사기

스마트 계약 오류:

보안 미비로 인한 해킹 피해

토큰 가치 하락:

유동성 공급 보상으로 받은 토큰의 가치 급락

임퍼머넌트 로스(IL):

가격 변동에 따른 유동성 공급자의 손실

이 모든 리스크를 AI와 자동화된 시뮬레이션으로 예방하거나 최소화할 수 있다.

6. AI와 디파이의 결합이 가져올 미래

AI는 다음과 같은 방향으로 역할을 확대한다:
개인화된 투자 전략 제안
실시간 위기 대응 자동 알고리즘
수익률 최적화 포트폴리오 생성
보안 취약점 사전 감지

55. NFT 자산화 전략

"디지털 자산 시대, 당신의 아이디어를 자산으로 바꾸는 법"

1. NFT란 무엇인가?

NFT(Non-Fungible Token)는 '대체 불가능한 토큰'이라는 뜻으로, 디지털 콘텐츠나 자산에 고유성과 소유권을 부여하는 블록체인 기술이다.

이미지, 영상, 음악, 글, 트윗, 게임 아이템, 인증서 등 **모든 디지털 콘텐츠를 자산화**할 수 있다. 각 NFT는 서로 다른 ID와 소유 기록을 갖고 있어, 복제 불가능한 가치를 지닌다.

2. 왜 NFT 자산화인가?

단순한 창작물이 **투자가치 있는 자산**이 된다.

물리적 소유가 어려운 디지털 콘텐츠에 **소유권 증명과 거래성**을 부여, 탈중앙화 환경에서 **중개자 없는 수익 창출 구조 가능**, 팬덤, 브랜드, IP 등과 결합할 경우 **지속 수익을 창출하는 구조**로 확장

3. AI와 함께하는 NFT 자산화 전략

1) AI로 NFT 콘텐츠 자동 생성

텍스트 → 이미지: GPT + DALL·E 등으로 창의적 NFT 작품 제작

음악 → AI 작곡: Jukebox, AIVA 등으로 NFT 음악 자산화

영상 편집, GIF 생성 등도 AI로 자동 처리 가능

2) NFT 민팅 자동화

AI로 작품 생성 후 → 자동 민팅(Minting, 발행) → 스마트 계약 연동, OpenSea, Rarible 등 마켓 API 연동으로 자동 출품까지 가능

3) 희소성 분석 및 가격 예측

AI가 동일 카테고리 NFT 거래 데이터를 분석하여

→ 희소도 점수 부여

→ AI 기반 '예상 경매가' 제시

4) 컬렉션 및 포트폴리오 최적화

수백 개 NFT를 AI가 분석해 '잠재 가치 높은 NFT'만 선별

NFT 포트폴리오 리밸런싱 알고리즘으로

→ 보유 자산 최적화 → ROI 극대화

4. NFT의 수익 모델

유형	설명	AI 활용 포인트
1차 판매	NFT 민팅 후 최초 판매	민팅 최적 시점 예측, 가격 추천
2차 거래	구매자가 재판매 시 창작자 수익(로열티)	인기 예측, 리세일 타이밍 분석
한정판 시리즈	시리즈 컬렉션 전략으로 희소성 확보	시리즈별 주제/스토리 자동 설계
구독형 NFT	특정 NFT 소지자에게 매월 콘텐츠 제공	AI로 콘텐츠 자동 생성 및 전송
커뮤니티 연계	NFT 소지자 전용 커뮤니티 운영	챗봇 운영, 멤버십 관리 자동화

5. NFT 시장에서 살아남는 AI 전략

1) AI로 트렌드 분석

어떤 카테고리의 NFT가 뜨는지

어떤 크리에이터나 프로젝트가 주목받는지

→ 트위터, OpenSea, Discord 등 실시간 트렌드 스코어링

2) AI로 스캠(사기) 판별

급작 가격 변동, 거래량 급증, 동일 지갑 간 반복 거래 등→ 이상 거래 감지로 스캠 위험 NFT 걸러냄

3) AI 기반 NFT 가치 상승 예측

거래 빈도, 평균 보유 기간, 커뮤니티 활동량 등 조합하여→ 가치 상승 가능성 높은 NFT를 예측 추천

6. NFT 자산화 실전 시나리오

예시: "AI가 만든 1,000장의 디지털 초상화 시리즈"

GPT + 이미지 생성 AI로 디지털 인물 시리즈 제작

컬렉션 콘셉트 및 희소성 분포 자동 설계

민팅 자동화 → 스마트 계약으로 로열티 10% 설정

OpenSea에 자동 출품

AI가 SNS 트렌드 분석 → 마케팅 시점 및 타깃 설정

판매 후 로열티로 지속 수익 발생

7. NFT 자산화, 이렇게 시작하자

단계	실전 조치	AI 활용
아이디어	내가 가진 디지털 콘텐츠 or IP 정리	트렌드 분석 AI로 시장 적합성 평가
콘텐츠 제작	이미지, 음악, 영상 등 제작	생성형 AI 도구 활용
민팅	NFT 마켓에 등록	자동화 툴로 일괄 발행
유통	SNS, 마켓에서 판매	AI로 타겟팅 마케팅 실행
지속수익	2차 거래, 구독형 NFT 등	AI 분석으로 로열티 수익 극대화

8. 주의할 점

저작권 문제: AI가 만든 작품도 '원저작자' 권리 명확히
민팅 수수료(Gas fee): 블록체인마다 차이 존재
→ 타이밍 최적화 필요
스캠, 유행만 좇는 NFT는 **단기 반짝 후 하락 위험**

56. 코인 자동 거래 시스템

"잠들지 않는 시장에서 24시간 수익을 만드는 AI 전략"

1. 자동 거래 시스템이 필요한 이유

암호화폐 시장은 주식시장과 달리 **24시간 365일** 열려 있다.

사람은 잠을 자야 하지만, 자동화된 시스템은 **쉬지 않고 기회를 포착**한다.

감정 배제:

공포나 욕심 없이, 철저히 알고리즘대로만 매매

속도 우위:

수천 개 코인을 실시간 분석하여 초단위 의사결정

시간 절약:

차트를 붙잡고 있을 필요 없이 수익을 만든다.

2. 자동 거래 시스템 구성 요소

자동 매매 시스템은 다음과 같은 요소들로 구성된다:

구성 요소	설명
데이터 수집 모듈	코인가격, 거래량, 오더북 등 실시간 데이터 수집
전략 알고리즘	매수/매도 기준을 판단하는 조건 설정 (AI 또는 룰 기반)
트레이딩 엔진	실제 거래소 API를 통해 자동 매매 실행
리스크 관리 모듈	손절, 익절, 자금 분배, 포지션 제한 등 안전장치
로깅 및 알림	모든 거래 기록 및 실시간 알림 제공

3. 주요 전략 유형

모멘텀 기반 전략

가격이 급등하는 종목에 빠르게 진입

단기 수익 노리며 빠르게 이탈

AI는 '급등 전 패턴'을 학습해 선제 대응

평균 회귀 전략(Mean Reversion)

일정 범위 이상으로 급등/급락한 코인을 되돌림 예측

고평가 · 저평가 구간을 AI가 판단해 자동 반대매매

시장 중립 전략(Arbitrage)

서로 다른 거래소 간 가격 차이를 이용한 수익

거래 속도와 수수료 계산까지 AI가 최적화

감성 분석 기반 전략

트위터, 뉴스, 레딧 등 감성 데이터를 분석

'호재' 또는 '악재' 언급량이 급증할 때 포지션 진입

자동 포트폴리오 리밸런싱

코인별 비중을 AI가 판단해 정기적으로 조정

'수익 실현 + 리스크 분산'의 두 마리 토끼를 잡는다.

4. AI가 개입하는 핵심 기능

데이터 학습:

과거 수백만 건의 거래 데이터를 학습하여,

'수익 가능성이 높은 조건'을 예측

실시간 예측:

차트 패턴, 오더북 심리, 뉴스 반응 등을 종합적으로 분석

자동 개선:

매매가 누적될수록 전략 성과를 자동 분석 → 알고리즘 개선

시장 위험 예측:

AI는 변동성이 클 때 자동으로 자산을 스테이블 코인으로 대피

5. API와 봇 구축 예시

대표적인 API 제공 거래소:

바이낸스 (Binance)

업비트 (Upbit)

코인베이스 (Coinbase Pro)

기초 봇 구성 예시 (파이썬 기반):

python 복사편집

```
import ccxt
exchange = ccxt.binance()
symbol = 'BTC/USDT'

# 현재 가격 불러오기
ticker = exchange.fetch_ticker(symbol)
price = ticker['last']

# 간단한 조건 예: 특정 가격 하락 시 매수
if price < 58000:
    order = exchange.create_market_buy_order(symbol, 0.01)
```

이런 봇에 AI를 붙이면 '조건문' 대신 '패턴 인식'으로 작동.

6. 주의사항 및 리스크 관리

API 해킹 방지:

이중 인증, 출금 제한, 서버 보안 필수

백테스트 필수:

과거 데이터에서 수익 검증되지 않은 전략은 실전 적용 금지

과최적화 주의:

백테스트 성과만 좋고 실전은 나쁜 경우 많음

→ 실제 시장에 대한 적응력 중요

변동성 폭등 시 대피 전략 마련:

AI가 '폭풍 전야'를 감지하면 자동으로 포지션 정리 기능 필수

7. 누구를 위한 시스템인가?

초보 투자자: 시장 분석이 어렵거나 시간이 부족한 투자자
직장인: 실시간 대응이 어려운 투자자에게 안정적 수익 가능
전문가: 고급 알고리즘으로 수십 개 전략 병행하며 수익 극대화

57. 위험관리 알고리즘 설계

"수익보다 더 중요한 것은 '지키는 힘'이다"

1. 왜 위험관리가 중요한가?

코인 시장은 고수익을 노릴 수 있는 대신, **변동성과 리스크가 극심하다.** 하루에 −30% 이상 하락하는 경우도 흔하다.

여러 코인을 분산했어도, 시장 전체가 붕괴하면 전부 손실, 레버리지를 잘못 쓰면 단 하루 만에 전 재산을 잃을 수 있다.
→ 수익 전략보다 먼저 설계되어야 할 것이 위험관리다.

2. 위험관리 알고리즘의 핵심 개념

개념	설명
손절 기준	손실이 일정 수준 이상이면 자동 청산
익절 기준	수익이 목표치 도달하면 자동 수익 실현
자산 분산	여러 자산에 분산 투자해 특정 코인 폭락 시 전체 자산 보호
레버리지 제한	최대 1.5~2배로 제한, 자동 축소 기능 포함
포지션 비율 제어	전체 자산의 5~10%만 거래에 활용하도록 제한
변동성 회피	극단적 시장 변동 시 자동 매매 중지 기능

3. AI가 관여하는 자동화 설계

AI는 단순한 규칙을 넘어 **상황별 판단**을 할 수 있다.

1) 변동성 예측
AI는 과거 수천 개의 가격 데이터를 학습하여 다음 5분, 1시간, 1일 간의 변동성을 예측한다. 예측치가 높을 경우 자동으로 포지션 축소, 거래 중지, 스테이블 코인 대피

2) 시장 공포 탐지
뉴스, 트위터, 레딧 등에서 부정적 키워드 급증 시
"시장 붕괴 가능성" 판단 후 즉시 포지션 정리

3) 손실 누적 패턴 탐지

연속된 손실이 일정 횟수를 넘기면 '전략 오작동'으로 간주하고 매매 일시 중단

4. 주요 위험관리 모델 예시

[예시 1] 손익 비율 기반 자동 청산

손절: −5%, 익절: +10%

수익/손실 비율 2:1로 장기적으로 우상향 유도

[예시 2] 이동평균선 이탈 감지

50일선 아래로 이탈 → 매도

200일선 위 재돌파 시 진입 가능

[예시 3] 분할 진입·분할 청산

코인이 하락할수록 소량씩 분할 매수 (단, 총량 제한)

반등 시 구간별로 익절 청산

→ AI는 최적의 분할 간격과 수량 비율을 학습하여 설정

5. 실제 설계 코드(예시)

python 복사편집

```
def should_sell(current_loss, max_loss=0.05):
    return current_loss <= -max_loss

def rebalance_portfolio(portfolio, max_weight=0.2):
    for coin, weight in portfolio.items():
        if weight > max_weight:
```

```
portfolio[coin] = max_weight  # 비중 자동 축소
return portfolio
```

이런 식으로 AI와 연결하면 각 포지션별 리스크를 실시간 모니터링하고 조정하게 된다.

6. AI의 학습 예시: 루나 사태 재현

AI가 루나 코인의 급락 전 트위터 감성 급변, 거래량 폭증, 유동성 이상 등을 조합해 '붕괴 위험' 경고를 자동 출력

투자자의 포지션을 미리 정리하고 USDT로 옮겼다면 대재앙을 피할 수 있었을 것이다.

7. 감정 없는 기계의 판단

사람은 공포에 얼어붙거나, 욕심에 손절을 놓친다.

하지만 알고리즘은 다르다. **조건이 되면 바로 실행**한다.

58. 루나 사태에서 배우는 분산 리스크

"한 바구니에 담은 계란, 어떻게 깨졌는가?"

1. 루나 사태, 무슨 일이 있었나

루나(LUNA)와 테라(UST)는 한때 시가총액 상위 10위 안에 들던

유망 프로젝트였다.

테라는 '알고리즘 스테이블 코인'으로, 1 UST = 1 USD 가치를 유지하기 위해 루나 토큰을 연동해 자동으로 발행/소각하는 구조였다.

그러나… 2022년 5월, UST 페깅이 깨짐
투자자들이 UST를 대량으로 매도하면서 루나도 무한 발행
루나의 가격은 수일 만에 $80 → $0.0001 이하로 폭락
약 60조 원 규모의 자산이 증발, 수백만 명이 피해
이 사건은 디지털 자산 역사상 가장 **극적인 붕괴**였으며,
'분산 리스크'의 중요성을 전 세계에 다시 각인시켰다.

2. 무엇이 잘못되었는가?

루나 사태는 단일 프로젝트에 대한 **지나친 집중**과
AI 기반 리스크 진단 부재에서 비롯된 참사였다.

투자자들은 수익률이 높은 Anchor Protocol(연 20%)에 대부분 자금을 몰아 투자
UST와 루나를 거의 유일 자산으로 보유
알고리즘 스테이블 코인의 구조적 결함을 인지하지 못함
탈중앙화 생태계라면서도 소수 개발자와 재단이 운영
결과적으로 "분산하지 않은 리스크는 언젠가 폭탄이 된다"는 교훈을 남겼다.

3. 분산 리스크의 4가지 축

리스크 분산 영역	설명
자산 분산	코인, 스테이블코인, 현금, ETF, 부동산 등으로 다변화
거래소 분산	바이낸스, 코인베이스, 크라켄 등 여러 거래소 이용
지갑 분산	콜드월렛 + 핫월렛 + 멀티시그 활용
시간 분산	매수/매도 시점을 나눠 진입 (DCA, 분할매도 등)

4. AI를 통한 분산 리스크 자동화 전략

AI는 인간이 놓치는 위험의 신호를 포착할 수 있다.

1) 코인 생태계 이상 감지

온체인 지표를 분석하여 다음을 탐지:

대형 지갑 이탈

개발자 커밋 급감

거래량 급등락

이상치 탐지 시, 포트폴리오 비중 자동 축소

2) 시장 분산 지수 분석

특정 산업군(예: DeFi, GameFi)에 과도하게 쏠릴 경우 경고

산업 비중을 자동으로 조정하여 리스크 헤지

3) 분산 점수 기반 투자

AI가 각 자산의 상관관계를 분석하여 "분산 점수"를 부여

점수가 낮을 경우, 추가 자산을 추천하여 포트폴리오 자동 재구성

5. 실전 전략: 분산 리스크 체크리스트

내 투자 자산 중 50% 이상이 하나의 코인인가?
같은 카테고리(예: GameFi) 코인이 70% 이상인가?
하나의 거래소에 모든 자산을 보관하고 있는가?
스테이블 코인 비중이 10% 미만인가?
AI 위험 감지 도구나 백테스트 시스템을 활용하고 있는가?
→ 위 질문 중 3개 이상 '예'라면, 매우 위험한 구조다.

루나 사태는 남의 일이 아니다.
누군가는 루나 사태를
"특이한 한 번의 사고"라고 치부할 수 있다.

하지만 FTX 파산, 셀시우스 정지, 테더 논란까지 돌아보면 우리는 지금도 같은 위험 속에 살고 있다.

분산은 선택이 아니라 생존 전략이다.

59. Stable coin 활용 전략

"디지털 자산 시대의 디지털 현금, 똑똑하게 써라"

1. 스테이블 코인이란 무엇인가?

스테이블 코인(Stable coin)은
가격 변동이 적고 **미국 달러 등 법정화폐에 고정된 코인이다.**
가장 대표적인 예는
USDT(Tether), USDC(Circle), DAI(MakerDAO) 등이다.

유형	대표 사례	특징
법정화폐 담보형	USDT ,USDC	실제 달러 1:1 보유 (중앙화)
암호자산 담보형	DAI	다른 코인을 담보로 발행 (탈중앙화)
알고리즘 기반	UST(파산)	수요공급 조절로 유지 (위험 높음)

2. 스테이블 코인을 왜 활용해야 할까?

디지털 자산 시장은 극심한 변동성이 특징이다.
이런 시장에서 **현금 역할을 할 수 있는 스테이블 코인**은
다음과 같은 유용한 전략적 이점을 제공한다.

1) 리스크 회피 수단
급락장에서 암호화폐를 스테이블 코인으로 바꿔 손실 회피
변동성이 적은 자산으로 자산가치 보호

2) 기회 자금 확보
시장이 바닥일 때 매수하기 위한 현금 보유 수단
거래소 내 자산 이전 시 수수료 절감

3) DeFi 예치 및 수익화
다양한 디파이 플랫폼에서 연 3~10% 이자 수익

예: Aave, Compound, Curve 등

4) 해외 결제 및 송금
국경 없이 즉시 송금 가능

트랜잭션 수수료 저렴, 처리 시간 빠름

3. AI 기반 스테이블 코인 활용 전략

AI를 접목하면 스테이블 코인의 활용은 한층 더 정교해진다.

1) 스테이블 코인 비중 자동 조절 시스템
AI가 시장 변동성(VIX, BTC 변동률 등)을 분석하여

스테이블 코인 비중을 10~60% 사이로 자동 조절

2) 예치 수익률 최적화 봇
다양한 디파이 플랫폼의 실시간 이자율을 분석해

가장 높은 수익률을 제공하는 플랫폼에 **자동 분산 예치**

3) 환율 및 금리 기반 최적 포지션 분석
금리 상승기: 스테이블 예치 수익률 우위

AI가 금리 예측과 스테이블 전략을 조합, **채권처럼 운용**

4) 리스크 감지 및 회피 트리거
코인 발행사의 이상 징후(준비금 미공개, 회계 불투명 등)를 탐지,

타 스테이블 코인으로 전환 or 탈중앙화 지갑 이동

4. 활용 팁: 스테이블 코인 포트폴리오 구성

자산	비중 예시	목적
USDC	40%	보수적, 미국 기반
DAI	30%	탈중앙화, 디파이 활용
USDT	20%	유동성 풍부, 단기용
FRAX	10%	변형 알고리즘형, 수익 실험

→ AI는 이 포트폴리오를 시장 상황에 따라 재구성 가능

5. 실전 적용: 자동화된 현금흐름 계좌

모든 코인 수익을 자동 USDC로 전환 → **디지털 현금 계좌**
계좌에서 자동으로 지갑 관리, 디파이 예치, 세금 적립 등
일종의 **디지털 개인은행 시스템 구축**이 가능

6. 주의할 점

USDT와 같은 중앙화 스테이블 코인은 **발행사 리스크** 존재
DAI 같은 탈중앙화형은 **시장 급변 시 담보 부족 위험**
수익을 위해 예치 시, 플랫폼 해킹·스마트 컨트랙트 버그 등 리스크 검토 필요
 → AI의 역할은 '경고등'을 항상 켜놓는 것

60. AI로 유망 코인 초기 탐색

"정보의 정글 속에서 진주를 찾는 인공지능의 눈"

1. 초기 유망 코인을 찾는 이유

비트코인·이더리움처럼 초기에 투자해 100배, 1,000배 수익을 거둘 수 있는 기회

시장이 포화 되기 전 선점, 리스크는 작고 수익은 큰 구조

초기 코인은, AI 분석으로 리스크 줄이고 효율 높일 수 있음

2. 기존의 탐색 방식 한계

항목	기존 탐색 방식	한계
커뮤니티 추세	레딧, 트위터 팔로우 수	조작 가능성, 과장된 마케팅
백서 분석	기술력 확인	텍스트 이해력, 검증 어려움
개발자 활동	깃허브 활동량	숫자로는 핵심 아이디어 파악 어려움
시장 반응	상장 후 거래량 확인	이미 늦은 시점일 수 있음

→ 즉, 방대한 데이터 속 '진짜'를 구별하는 눈이 필요하다. → AI 활용

3. AI 탐색 전략의 핵심 구성요소

1) 데이터 크롤링 및 자연어 처리 (NLP)

전 세계 트위터, 레딧, 포럼 등에서 실시간으로 신규 프로젝트 언급 수집

백서 및 로드맵 문서 자동 요약 → 핵심 기술과 방향성 분석

2) 딥러닝 기반 '코인 스코어링 모델' 구축

다음 요소를 학습하여 점수화 및 우선 순위화

개발 속도, 파트너십 확장, 커뮤니티 성장률, 투자자 등급 (VC 참여 여부), DApp 수 & 생태계 확장성

3) 비정형 데이터 해석

깃허브 커밋 패턴에서 진짜 활동인지 '가짜 커밋'인지 판단

트위터 봇 활동과 실사용자 구분

"온체인 활동 vs 소문"의 간극 분석

4. AI 초기 투자 알림 모델 사례

예시:

AI가 2022년 초 **Arbitrum**의 백서와 개발 상황 분석 →

대형 VC 참여 + 테스트넷 트래픽 급증 →

상장 전 '매입 신호' 발송 →

상장 후 수익률 6배 이상

주요기능

AI 레이더: 매일 수천 개 신규 프로젝트 중 상위 1% 선별

시그널 알림: 가격이 급등하기 전 기술·커뮤니티 동시 폭발 조짐 감지

리스크 필터링: 스캠, 잠적 가능성 높은 프로젝트 제거

5. 실전 포인트: AI 기반 초기 코인 진입 3단계

단계	내용	AI의 역할
탐색	유망 프로젝트 후보 10~20개 추출	문서 요약, 커뮤니티 분석
분석	기술력 · 실행력 · 시장성 평가	스코어링 모델, 리스크 분석
진입	분할 매수 or 런치패드 참여	타이밍 예측, 자금 배분 제안

6. 보조 도구 및 플랫폼 예시

AI Coin Trackers: Token Metrics, LunarCrush, Santiment
온체인 분석 툴: Nansen, Glassnode
백서 요약봇: GPT 기반 요약기 → 백서 30초 컷
예측 모델: 가격 급등 전 '이상 징후' 예측 AI (거래량 폭증, 지갑 수 급증 등)

7. 주의할 점

초기 코인은 리스크도 크다:
rug pull, 상장 실패, 법적 문제 등 AI도 100% 예측은 불가능하다. 확률을 높일 뿐, 전부 맡기지 말고 판단 병행 필요

사업 및 창업 전략

61. AI로 시장 수요 조사

"시장 조사의 새로운 표준, AI가 만든다"

"내가 만들려는 서비스, 사람들이 정말 필요로 할까?"
많은 창업자들이 열정과 아이디어만으로 시작한다.
하지만 '고객이 원하는 것인지'에 대한 냉정한 검증 없이
시간과 자본을 투입하면,
시장과의 불일치로 실패하는 경우가 다반사이다.
그래서 필요한 것이 바로,
정확한 시장 수요 조사다.
그리고 이제는 이 조사도 **AI가 대신해 주는 시대**이다.

1. 과거 시장조사의 한계

소수 인터뷰에 의존 → **샘플 편향**
설문 응답 → **시간 소모 + 부정확성**
트렌드 분석 → **느린 속도 + 주관적 해석**

하지만 AI는
✔ **수백만 건의 데이터를 초단위로 분석**하고
✔ **고객의 무의식적 니즈까지 탐색**하며
✔ **신흥 수요의 '신호'를 조기에 감지**한다.

2. AI가 조사하는 수요의 종류

수요 종류	AI 분석 방식
표면적 수요	네이버, 구글, 인스타 등 검색어 패턴 분석
잠재 수요	커뮤니티, 블로그, 리뷰에서 불만 키워드 감지
지역 수요	지도 기반 SNS 트렌드 분석, 지역별 클릭률 추적
시기별 수요 변화	계절성 키워드 흐름, 급증 키워드 감지
경쟁 제품과의 차별 수요	경쟁사 상품 리뷰, 기능 언급 빈도 분석

예를 들어,

AI는 "2023년 여름, 수도권 30대 여성층 사이에서 무알콜 뷰티 드링크에 대한 관심 급상승" 같은 결과를 도출할 수 있다.

3. 실전: AI로 수요 조사하는 3단계

1) 질문 던지기 (Prompt 만들기)

예:

"2024년 서울 지역 20~30대 여성을 대상으로 한 무설탕 음료 시장 수요 분석해 줘."

2) AI 도구 활용

도구명	기능
Google Trends	키워드 수요 시계열 분석
ChatGPT + 웹 연결	트렌드 해석, 니즈 분류
AnswerThePublic	사람들이 자주 묻는 질문 추출
크롤링 + AI 분석기	커뮤니티/ 리뷰/ 포럼에서 불만, 니즈 수집

3) 핵심 수요 추출 → 기회 도출

가장 자주 언급된 문제점: "○○이 불편하다"

니즈 키워드: "더 빠른 배송", "비건 인증", "무향료"

결론: **시장에 비워진 '틈'을 AI가 찾아냄**

4. 창업가는 '직감'보다 '데이터 감각'을 가져야 한다

☞ AI가 추천해 주는 수요는
'사람들의 행동 속에서 나타난 진짜 니즈'이다.
눈에 보이지 않지만 존재하던 수요,
시장에 떠오르는 바람을 **누구보다 먼저 포착할** 수 있다.
"고객은 직접 말하지 않지만,
AI는 그들의 마음을 데이터 속에서 읽어낸다."

5. 메시지

당신이 만든 아이템이 시장에 '먹힐까' 고민되는가?
그 답은 이미 인터넷 어딘가에,
고객의 댓글 속에, 검색 기록 속에, 리뷰 속에 존재한다.
그리고 그것을 빠르게 모아
한눈에 보여주는 것 - 그게 바로 AI 수요 조사이다.

시장은 말을 하지 않는다.
하지만 AI는 그 침묵 속에서 '기회'를 찾아낸다.

62. 아이디어 검증 자동화

"실행 전에, AI에게 먼저 물어보라"

"좋은 아이디어는 넘쳐나지만,
살아남을 아이디어는 적다."
창업의 세계에서는
아이디어 그 자체보다
그 아이디어가 '시장에 통할 수 있는가?'가 더 중요하다.

과거에는 이 검증 과정이 시간도 오래 걸리고,
돈도 많이 들었다.
하지만 지금은 다르다.
AI로 아이디어 검증을 자동화할 수 있다.

1. 왜 아이디어 검증이 중요한가?

- ✓ 창업 실패 이유 1위: **시장에 맞지 않음** (Product-Market Fit 부족)
- ✓ 아이디어 실행 전, 사전 검증만으로 **실패 확률 최소화**
- ✓ '느낌'이 아닌 '데이터' 기반으로 방향성 설정 가능

2. 아이디어 검증 자동화의 3가지 핵심 툴

1) AI 아이디어 시뮬레이션
예: "OOO 서비스가 2030 여성층에게 얼마나 매력적인가?"

- ChatGPT에게 타깃 페르소나 설정 후, 반응 분석

2) 자동 설문 + 실시간 분석

Google Form + AI 분석

Typeform + Zapier + GPT 연동 → 설문 응답 자동 분류

응답자의 니즈/ 우려/ 요구 자동 태깅

3) 커뮤니티 반응 모니터링

Reddit, 네이버 카페, 블로그, 유튜브 댓글

→ 키워드 추출 + 감성 분석(AI로 긍/부정 반응 분리)

3. 실전 예시: OOO 서비스를 출시 전 검증해 보자

Step 1. ChatGPT로 잠재 고객 반응 시뮬레이션

"나는 20대 직장 여성.

하루가 피곤해. 너의 OOO 서비스를 처음 들었을 때 어떤 느낌이 들까?"

→ 감정 기반 피드백 자동 생성

Step 2. 3분 설문 설계 + 자동 분류

"이런 서비스, 써보고 싶나요?"

"지금 가장 불편한 점은?"

"이 서비스가 가격이 ○○이라면?"

→ 수백 명 응답을 GPT로 즉시 분류

→ 긍정/중립/부정 퍼센티지 시각화

Step 3. 유사 제품 사용자 리뷰 분석

"비슷한 서비스에 대한 고객 불만은 뭘까?"

→ 경쟁사 리뷰 크롤링 + 감성 분석

→ AI가 핵심 불만 키워드 자동 추출

4. 핵심은 반복과 학습

AI를 활용한 검증은
'한 번 하고 끝'이 아니다.

✓ 피드백 받기
✓ 개선하기
✓ 다시 테스트하기

→ 이 과정을 자동화하면,
아이디어는 날카롭게 다듬어지고
실패 위험은 확 줄어든다.

5. 메시지

"예전엔 시장이 두려웠다. 이제는 시장에게 먼저 물어본다."
실행하기 전에,
AI를 통해 작은 실험부터 해보자.

그 실험은 돈이 거의 들지 않고,

때로는 수천만 원짜리의 실패를 미리 막아준다.

감이 아닌 검증. 추측이 아닌 데이터. 그 중심에 AI가 있다.

63. 스타트업 성공 모델 분석

"성공하는 길은 다양하지만, 공통된 패턴은 반드시 있다."

창업을 준비하는 이들이 흔히 묻는다.
"성공하는 스타트업의 비결은 무엇일까?"
이 질문에 정답은 없지만, 방향은 있다. 전 세계 수많은 성공 사례를 분석해 보면, 시장과 시대가 달라도 **공통적으로 발견되는 패턴과 원칙**이 존재한다.
그리고 이제 AI는 그 수많은 성공 사례들을 분석해,
나만의 창업 모델을 설계할 수 있도록 돕는다.

1. 데이터로 보는 성공 스타트업의 공식

AI는 Y Combinator, 500 Startups, Techstars 등의 글로벌 액셀러레이터 데이터를 학습해, **초기 성공 기업들의 핵심 공통점**을 추출해 준다. 예를 들어 GPT 기반 분석을 통해 다음과 같은 요소들이 자주 등장한다.

해결하려는 문제가 명확하고 크다.

(예: Dropbox – 언제 어디서나 파일 공유의 불편함 해소)

시장 진입 시점이 적절했다.

(예: Zoom – 재택근무 확산 이전부터 품질 중심의 화상회의 서비스 제공)

작고 집중된 시장부터 공략했다.

(예: Facebook – 하버드 캠퍼스 전용 SNS로 시작)

창업팀의 기술력과 실행력이 뛰어났다.

(예: Airbnb – 디자이너와 개발자가 함께 구성된 팀)

이처럼 성공 사례의 축적된 데이터를 통해,
나의 아이디어와 비교하고 교차 분석하는 툴도 AI가 제공해 준다.

2. 실패 사례 분석도 성공의 자산

성공뿐 아니라 **실패한 스타트업의 공통된 요인**을 분석하는 것도 중요하다.

AI는 Crunchbase, CB Insights 등의 폐업 데이터와 뉴스 분석을 통해 다음과 같은 경고 신호를 알려준다.

고객이 원하지 않는 제품을 만들었다.
창업팀 내부 불화 또는 리더십 부재
자금 소진 속도가 빠르고, 수익 모델 부재
제품은 좋지만 시장 진입 타이밍이 너무 빨랐거나 늦었다.
경쟁사 대비 강점이 뚜렷하지 않았다.
이러한 정보는 단순한 경고가 아니라,
당신이 피해야 할 함정을 미리 예측하고 우회할 수 있는 전략의 나침반이 된다.

3. 나만의 비즈니스 모델에 맞춘 벤치마킹

AI는 당신이 구상 중인 창업 아이템과 유사한 성공 사례를 찾아 준다.

예를 들어 당신이 'AI 맞춤형 영어 교육 앱'을 기획 중이라면, GPT는 다음과 같은 유사 모델을 제시한다:

Duolingo: 게임형 영어 학습의 선두 주자
Elsa Speak: 발음 교정을 AI로 구현한 앱
Speakly: 실제 상황 중심의 문장 패턴 학습

이 모델들은 어떤 고객층을 타깃했는지, 어떤 수익 모델을 썼는지,
마케팅 채널은 무엇이었는지를 비교할 수 있게 정리해 준다.
그 결과, **막연한 아이디어가 실제 시장에서 살아 움직이는 형태로 구체화** 된다.

4. 성공 확률을 높이는 구조 설계

AI는 각 성공 모델의 성장 그래프, 지출 구조, 고객 유지율, 바이럴 계수 등을 토대로, **'성공할 수 있는 구조'의 원형**을 제시한다.

예를 들어, SaaS 기반 스타트업의 경우 아래와 같은 구조가 자주 등장한다.

무료 체험 → 자동 유료 전환 (Freemium)

낮은 CAC (고객 획득 비용) → 높은 LTV (고객 생애가치)

반복 사용을 유도하는 UX + 이메일 자동화

고객의 성공을 돕는 교육 콘텐츠와 커뮤니티

이러한 구조를 참고하면, 단순히 '좋은 아이디어'가 아니라 **'잘 돌아가는 비즈니스 엔진'**을 설계할 수 있다.

64. 수익모델 실험 시스템

> "아이디어는 멋질 수 있지만, 수익이 없다면 사업이 아니다."

많은 창업자가 아이디어를 내고, 열정적으로 제품을 만든다. 그러나 현실은 냉정하다. "이걸 누가 돈 주고 살까?"라는 질문 앞에서 멈추는 경우가 많다.

수익모델은 단순히 '돈을 어떻게 벌 것인가'가 아니라, 사업의 생존과 지속 가능성을 결정짓는 핵심 엔진이다. 그리고 지금, AI는 수익모델을 실험하고 검증하는 데에 있어 가장 빠르고 효율적인 도구로 자리 잡고 있다.

1. 다양한 수익모델을 자동으로 추천 받다

AI는 사업 아이템에 맞춰 수많은 수익모델을 제안 가능하다. 예를 들어 'AI 기반 영어 학습 앱'이라면 아래와 같은 수익 구조가 가능하다.

- 구독형 모델 (월 9,900원 정액제)
- 사용량 기반 과금 (발음 교정 건수별 요금)
- 프리미엄 기능 잠금 해제 (무료 기본, 유료 업그레이드)
- 교육기관 B2B 라이선스 제공
- 광고 삽입 수익
- 제휴 강사 콘텐츠 판매 수수료

이 모든 모델은 GPT나 AI 비즈니스 컨설턴트 툴을 통해, 유사 시장과 비교된 수익 기대치를 근거로 제안된다.

2. 수익모델 시뮬레이션 자동화

이제는 실제 고객이 없더라도,
시뮬레이션으로 수익모델의 작동 여부를 미리 예측 가능하다.

- CAC (고객 획득 비용)
- LTV (고객 생애 가치)
- 전환율, 리텐션율, 해지율
- 1년 후 MRR (월 반복 수익), 손익분기점(BEP) 등

이런 지표들을 AI가 자동 계산하고,
시나리오별 미래 예측 그래프까지 시각화해 준다.
덕분에 감이 아니라 **데이터 기반 의사결정**이 가능해진다.

3. A/B 테스트와 실시간 피드백

수익모델 실험의 핵심은 다양한 시도를 빠르게 해보는 것이다. AI는 아래의 과정을 모두 자동화해 지원한다.

가격 테스트: 4,900원 / 9,900원 / 14,900원 세 구간 테스트
패키지 구성 변경: 기능별 묶음, 묶음 할인 제공
결제 방식: 선불제, 후불제, 일시불 vs 할부 등 비교
결제 흐름 테스트: 구매 페이지 위치, 버튼 텍스트, UX 최적화

그리고 이 모든 실험은 **고객 행동 데이터 기반으로 실시간 분석**되어, **어떤 모델이 매출을 극대화하는지 빠르게 검증**할 수 있다.

4. '가짜 결제 테스트'로 실험비 절감

정식 제품을 만들지 않고도 수익모델을 실험할 수 있는 방법이 있다. **프리오더 페이지나 가짜 결제 페이지를 통해** 고객이 지갑을 열 의향이 있는지 확인하는 것이다.

예: 결제 버튼은 있지만 실제로는 결제되지 않음
   클릭률, 머무는 시간, 전환율 등을 측정
   AI가 반응 데이터를 분석하여 '구매 의도' 예측

이러한 MVP 기반 실험은 비용을 최소화하면서도 **실제 시장 반응을 매우 정밀하게 측정할 수 있는 방법**이다.

5. 수익모델을 유연하게 진화시키는 법

성공하는 스타트업은 하나의 수익모델에 집착하지 않는다.
처음엔 무료로 시작, 사용자를 모은 뒤
그 데이터를 기반으로 수익모델을 **진화**시킨다.
AI는 이런 피벗 전략을 제시한다.

무료 → Freemium → 유료 전환
B2C → B2B 판매 전환
직접 판매 → 제휴 판매 → 마켓플레이스화
제품 기반 → 서비스 기반 확장

성공한 스타트업들은 **끊임없이** 수익모델을 실험하고 발전시켜 왔다.
그리고 그 여정에서 AI는 **가장 빠른 나침반**이 된다.

65. MVP 기획 및 고객 피드백 자동 수집

**"완벽한 제품을 만드는 대신,
시장이 원하는 최소 기능부터 검증하라."**

많은 창업자가 실패하는 이유는,
시장에 묻지 않고 자기 생각만으로 제품을 만드는 것이다.
그 결과는 대부분 '고객이 원하지 않는 완성품'이다.

그래서 이제는 이 질문이 더 중요해졌다.
"고객은 이 기능을 돈 주고 쓸까?"
이 질문에 대한 답을 가장 빠르게 얻는 방법,
그것이 바로 MVP(Minimum Viable Product) 전략이다.

1. MVP란 무엇인가? 왜 중요한가?

MVP란 **고객이 원하는 핵심 기능만 담은 최소 제품**이다.
앱의 디자인은 조잡해도 좋다. 기능은 단순해도 좋다.
하지만 **가치 있는 문제를 해결하는 핵심 기능**만큼은 있어야 한다. 목표는 하나다.
"고객이 반응하는지, 지갑을 여는지를 가장 빨리 검증한다."
MVP는 시간과 비용을 최소화하면서, 시장에서 통하는 아이디어인지 확인할 수 있는 최고의 무기다.

2. AI로 MVP 아이디어를 빠르게 정리하기

AI는 수많은 창업자들의 MVP 사례와 시장 반응 데이터를 학습했다.
그래서 내 아이디어를 설명하면, AI는 **어떤 기능이 핵심인지, 어떤 순서로 개발해야 하는지, 어떤 형태로 MVP를 만들어야 하는지**를 추천해 준다.

예시: "프리랜서를 위한 세금 정산 서비스" →
　　AI의 MVP 제안:

기본 소득/지출 입력 기능

자동 세금 계산기

신고 마감 알림 기능

사용자 유형별 UX 시나리오 제안

이처럼, 복잡한 기능을 단순화하고 핵심만 추리는 작업을 AI가 도와준다.

3. 노코드 도구 + AI로 MVP 빠르게 제작하기

이제는 코딩을 몰라도 MVP를 만들 수 있다.

AI는 Bubble, Glide, Softr, Webflow 등의 **노코드 도구와 연동**되어 실제 프로토타입을 자동으로 만들어낸다.

디자인 자동 생성

텍스트 및 기능 설명 자동 작성

유저 흐름 설정

테스트용 랜딩 페이지 생성

AI에게 "이런 MVP를 만들고 싶어."라고 말하면,
수 시간 안에 MVP가 온라인에 올라가게 된다.

4. 고객 피드백을 자동으로 수집하고 분석하기

MVP를 세상에 내놓는 순간,
가장 중요한 단계는 **고객 반응을 듣는 일**이다.

하지만 수백 명의 피드백을 일일이 읽고 정리하는 건 어렵다.
이럴 때 AI는 피드백을 **자동 수집, 분석, 요약**해 준다.

웹사이트 클릭 흐름, 머무는 시간, 이탈 페이지
사용자 리뷰에서 자주 등장하는 단어 분석
불편 사항, 요구 기능, 만족 포인트 분류
긍정/부정 감정 분석
즉, 고객의 목소리를 **정제된 데이터로 바꿔주는 비서**가 생긴 것이다.

5. 반복적 개선과 실시간 고객 중심 개발

AI는 고객 피드백을 기반으로,
다음 MVP 버전의 개선안까지 제안해 준다.

예: 사용자가 버튼을 잘못 클릭 → UX 개선 제안
　　문의가 가장 많은 기능 → 우선 개발 제안
　　지루해하는 화면 → 인터페이스 리디자인 추천

그리고 이 모든 것이 **데이터 기반 실시간 의사결정**으로 연결된다.
고객의 반응에 따라, MVP가 빠르게 진화하는 것이다.

66. 자동화된 CRM 시스템 구축

"고객 관리는 사람이 아닌 시스템이 하도록 만들어라."

사업이 성장할수록
고객은 많아지고, 요구는 다양해지며, 관리가 복잡해진다.

이때 필요한 건 '사람이 더 많이 일하는 것'이 아니라
시스템이 고객을 기억하고 응대하는 구조다.
이것이 바로 **자동화된**
CRM(Customer Relationship Management) 시스템이다.

1. 왜 CRM이 중요한가?

CRM은 단순한 연락처 관리가 아니다.
CRM은 **고객의 여정을 기록하고, 신뢰를 쌓고, 반복 구매를 유도하는 핵심 무기다.**

예를 들어 한 고객이:
A 제품을 사고,
3일 후에 Q&A를 읽고,
1주일 뒤에 다른 상품을 장바구니에 담고,
결국 10일 후에 이탈했다면…
이 전체 흐름을 이해하고,
때마다 적절한 메시지를 보낼 수 있는 것이 CRM의 힘이다.

2. AI 기반 CRM, 어떻게 다를까?

기존 CRM은 사람이 정보를 입력하고 활용해야 했다.
하지만 AI 기반 CRM은 **고객 행동을 자동으로 인식하고 반응**한다.

방문 시간, 페이지 클릭, 상품 조회 시간
이메일 열람 여부, 클릭 링크, 이탈 시점
구매 빈도, 상품 카테고리 선호도 등
이 모든 데이터를 AI가 스스로 분석하고,
고객에게 맞춤형 메시지와 콘텐츠를 자동으로 제공한다.

3. 어떤 기능들을 자동화할 수 있을까?

신규 고객 온보딩 자동화
회원가입 후 자동 이메일/문자 전송
추천 상품 리스트 제안
첫 구매 유도 쿠폰 발송
이탈 고객 리타겟팅 자동화
장바구니 미결제 3일 경과 → 리마인드 메시지
2주 이상 비접속 고객 → 특별 이벤트 제공
고객 맞춤 콘텐츠 제공
과거 구매 이력 기반 콘텐츠 큐레이션
시즌별 맞춤 추천 및 캠페인 발송
고객 만족도 조사 및 응답 관리

구매 후 자동 만족도 조사

불만족 응답 시 대응 절차 자동화

4. 어떤 도구로 시작하면 좋을까?

초기 창업자도 쉽게 쓸 수 있는 CRM 자동화 도구:

HubSpot: 무료로 시작 가능, 이메일 · 리드 관리 자동화

ActiveCampaign: 마케팅과 CRM 통합, 워크플로우 설계 쉬움

Zoho CRM: 다양한 자동화 플러그인 제공

Notion + Zapier + Gmail 연동: 간단한 자체 CRM 시스템 구축 가능

여기에 ChatGPT API나 Zapier AI 기능을 연결하면
맞춤형 추천, 응답 자동화, A/B 테스트까지 가능하다.

5. 고객 응대를 넘어, 고객 감동까지

AI CRM은 단순한 '자동화'에 그치지 않는다.

고객의 감정과 행동을 읽고, 상황에 맞는 반응을 하도록 학습시킬 수 있다.

예: "고객이 3회 이상 반품한 경우, 사과와 함께 맞춤 안내 제공"

"1년 이상 충성 고객에게 감사 편지와 선물 자동 발송"

이렇게 AI는 데이터를 바탕으로
'사람보다 더 사람다운 케어'를 실현한다.

67. 가격 정책 A/B 테스트

"고객은 가격에 반응하고, AI는 그 반응을 분석한다."

어떤 가격이 가장 잘 팔릴까?
어떤 할인율이 가장 높은 이익을 남길까?
정답은 "실험만이 안다."
그 해답을 찾아내는 것이 A/B 테스트 기반 가격 전략이다.

1. A/B 테스트란?

A/B 테스트는 고객을 두 집단으로 나눠
서로 다른 가격 전략을 실험해 보는 방법이다.

예를 들어 다음과 같다:
A 그룹: 49,000원에 판매
B 그룹: 59,000원에 판매

이후 실제 구매율, 이탈율, 재구매율을 비교해
어떤 가격이 더 큰 이익을 남기는지 분석한다.

2. 가격 전략이 중요한 이유

많은 창업자들이 '원가+마진'으로 가격을 책정한다.
하지만 실제 시장은 복잡하다.

심리적 가격대: 99,000원 vs 100,000원, 구매율 천지 차이

프리미엄 포지셔닝: 너무 저렴하면 '싸구려'로 인식

수요 탄력성: 가격이 조금만 바뀌어도 수요가 크게 변동

즉, 정확한 데이터 기반 실험 없이 최적 가격 찾기 어렵다.

3. AI로 자동화된 A/B 테스트 운영하기

AI는 수많은 조합의 가격 정책을
빠르게 실험하고 분석한다.

방문자 수 대비 클릭률
클릭 대비 구매 전환율
평균 객단가 및 이익률
구매 이후 이탈 또는 반품율

이 모든 지표를 실시간으로 수집해
"어떤 가격이 가장 효율적인지 자동 추천"한다.

4. 실제 적용 사례

구독 서비스:

A그룹: 월 5,900원

B그룹: 월 6,900원 (첫 달 무료)

→ AI 분석 결과, B그룹은 가입률은 낮지만, 장기 유지율이 높아 총매출

이 더 큼.

전자책 판매:

A그룹: 9,000원

B그룹: 12,000원 + 1:1 컨설팅 쿠폰

→ B그룹의 구매율이 더 높고, 브랜드 신뢰도 상승효과도 큼.

5. 어떤 툴로 테스트할 수 있을까?

Google Optimize(2023 종료, 대안은 VWO, Optimizely)
Shopify + AI 앱: 자동 분류와 가격 실험
Zapier + Notion + GPT: 실험 결과 요약 및 인사이트 도출
Kissmetrics, Mixpanel: 고급 유저 행동 기반 가격 전략 분석

초보자라면 Shopify나 워드프레스용 플러그인을 활용해 **저비용으로 자동 실험부터 시작하자.**

6. A/B 테스트를 성공시키는 팁

한 번에 하나의 변수만 바꿔라 (가격만 바꾸고, 디자인 동일)
충분한 표본이 모일 때까지 기다려라
감정이 아닌 **데이터로 의사결정 하라**
고객의 구매 이유까지 분석해라 (고가라도 '혜택'이 크면 OK)

가격은 고객과의 심리 게임이자, 수익의 핵심 레버리지다.
A/B 테스트와 AI 분석을 결합하면

고객의 지갑을 열 수 있는 '정확한 숫자'를 발견할 수 있다.

실험하지 않는 가격은, 감에 의존한 도박일 뿐이다.
AI와 함께라면, 그 도박을 계산된 전략으로 바꿀 수 있다.

68. 고객 이탈 예측 및 대응

"떠나기 전에 잡아라. AI는 이탈 조짐을 먼저 안다."

고객을 유치하는 데 드는 비용은 **기존 고객을 유지하는 비용의 5배 이상**이다. 그래서 이탈을 막는 건, 단순한 '고객 관리'가 아니라 **이익을 지키는 전략**이다.

그런데 고객은 아무 말 없이 조용히 떠난다.
AI는 이 떠남의 '징조'를 잡아내는 데 탁월하다.

1. 고객 이탈이란?

고객 이탈이란 **더 이상 재구매하지 않는 상태**를 말한다.
예: 구독 취소, 장바구니 이탈
   로그인/방문 중단, 반복 구매 중단
모든 사업 모델에서 고객 이탈은 곧 수익 손실이다.

2. AI가 어떻게 예측하는가?

AI는 수천 가지 행동 패턴을 분석해
'이탈할 가능성이 높은 고객'을 미리 알려준다.

구매 간격이 점점 늘어남
웹사이트 체류 시간이 급격히 감소
상담 이후 행동 없음
불만 리뷰 또는 CS 이력
할인 혜택을 받고도 반응 없음
이런 **비정상 신호들을** 조합해 AI는 다음과 같이 판단한다:
"이 고객, 1주일 내 이탈 확률 86%."

3. 대응은 어떻게 해야 할까?

이탈 예측은 절반의 성공이다.
진짜 승부는 '잡아내는 대응 전략'에 있다.

AI 기반 대응 전략: 자동 리텐션 캠페인 발송
"OO님, 특별한 혜택을 준비했어요!"
휴면 예측 고객에 맞춘 이메일, 쿠폰, 메시지 발송

이탈 가능성 점수 기반 상담 우선순위화
AI가 높은 이탈 위험군을 1순위로 정리
상담원은 그 순서대로 연락, 케어 진행

맞춤형 혜택 제공

VIP 고객에게는 "재방문 시 선물"

일반 고객에겐 "한정 쿠폰"

→ 이 모두가 AI 알고리즘이 추천해 줌

4. 실제 사례

쇼핑몰 A사:

AI가 "7일 이내 이탈 가능성 78%"인 고객 500명을 추출

→ 카톡 메시지 & 10% 할인 쿠폰 발송

→ 37% 재구매율 회복

구독 플랫폼 B사:

정기 결제 전 '이탈 예측 사용자'에게

"1개월 무료 연장" 제안

→ 20% 이상 구독 유지율 상승

5. 어떤 툴이 필요할까?

HubSpot: 고객 행동 예측 및 CRM 자동화

Segment + Amplitude: 이탈 행동 분석

Glew, RetentionX, ChurnZero: 쇼핑몰 특화 리텐션 툴

Zapier + GPT: 맞춤 대응 메시지 자동화 가능

6. 이탈 대응의 핵심 원칙

미리 막는 게 싸고 효과적이다.

대응은 1:1처럼 보여야 하지만,
실제로는 AI가 자동화된 대량 대응을 해야 한다.

VIP 고객의 이탈은 치명적이므로 별도 관리하라.
모든 행동 데이터를 저장하고 분석해야
AI가 더 똑똑해진다.

69. 비즈니스 피벗 전략

"변화에 적응하는 것이 아니라, 변화를 선도하라."

실리콘밸리의 유명한 말 중 하나는
"스타트업은 반드시 한 번 이상 **피벗**(pivot)한다."이다.
피벗이란 단순한 변경이 아니다.
존폐를 가르는 전략적 방향 전환이다.
그리고 오늘날의 피벗은 감에 의존하지 않는다.
데이터, AI, 고객 반응으로 '시그널'을 읽어내는 게 핵심이다.

1. 피벗의 정의

비즈니스 피벗이란 기존의 사업 모델, 제품, 시장 타깃을
급격하게 혹은 전략적으로 바꾸는 것을 의미한다.
예: Netflix: DVD 렌탈 → 스트리밍
　　Instagram: 위치 기반 체크인 앱 → 사진 공유 SNS

Slack: 게임 회사의 내부 메신저 → 기업용 메신저

2. 왜 피벗이 필요한가?

시장 반응이 미지근할 때,
반복되는 적자
고객의 니즈가 예상과 다를 때,
경쟁사가 너무 강력해질 때,
기술이나 사회 변화로 방향 수정이 필요할 때,
AI는 이 상황을 **단서와 데이터를 통해** 먼저 감지할 수 있다.

3. AI로 피벗 타이밍을 예측하기

AI는 데이터를 분석해 "지금이 피벗 타이밍이다."라 한다.
고객 불만 키워드 급증
제품 재방문율 급감
유료 광고 전환율 하락
경쟁사 대비 시장 점유율 역전
유입 트래픽의 품질 저하
트렌드 데이터에서 시장 방향성 이탈
AI는 이를 통합 분석해 "현재 비즈니스 모델 유지 시,
6개월 내 손실 위험 73%"라고 진단할 수 있다.

4. 피벗의 종류

시장 피벗: 같은 제품, 새로운 고객층

→ B2C에서 B2B로

제품 피벗: 같은 고객, 다른 제품

→ 교육 앱 → 커뮤니티형 서비스

채널 피벗: 오프라인 → 온라인

수익모델 피벗: 무료 → 구독 기반, 광고 기반 전환

기술 피벗: 새로운 기술을 중심으로 구조 재정비

→ 서버 기반 → AI 클라우드

5. 피벗의 실행 전략

AI는 실행 단계에서도 강력한 조력자다.

A/B 테스트로 새로운 제품 반응 확인

타깃 고객 군 자동 리포트 생성

신규 트래픽 채널 시뮬레이션

변경 전후 고객 이탈률 비교 분석

피벗은 리스크가 있지만 AI는 **리스크를 사전 정량화해 준다.**

6. 실제 사례

스타트업 C사:

원래는 '운동 루틴 추천 앱'

→ AI 분석 결과, "식단 관심 고객이 더 반응함"

→ 식단 코칭 중심으로 피벗

→ 3개월 만에 사용자 4배 증가

서비스 D사:

고객 유입 감소로 위기

→ GPT 분석: "브랜딩 콘텐츠 부족"

→ 인플루언서 마케팅 플랫폼으로 방향 전환

→ 광고주 매출 150% 증가

7. 피벗의 성공 조건

데이터 기반 결단

고객과 시장을 매일 관찰하는 습관

실험을 두려워하지 않는 조직 문화

빠르게 실패하고, 더 빠르게 수정하는 실행력

70. AI와 협업하는 스타트업 운영법

"AI는 도구가 아니라, 창업자의 동료다."

AI는 단순히 일을 '대신' 해주는 존재가 아니다.

함께 전략을 짜고, 판단하고, 실행하는 파트너다.

이제는

'사람이 모든 걸 끌어안는' 시대가 아니라

'AI와 역할을 분담하는' 시대다.

1. AI는 스타트업의 어떤 역할을 할 수 있을까?

전략가: 시장 분석, 경쟁 분석, 고객 세분화
마케터: 카피라이팅, 이메일 시퀀스 작성, 퍼포먼스 예측
영업팀: 잠재 고객 선별, 세일즈 스크립트 생성
CS 매니저: 고객 문의 응대, FAQ 자동화
개발자 보조: 코드 초안, 테스트 코드 작성
재무 분석가: 현금 흐름 예측, 투자안 검토
즉, AI는 '모든 부서에 1명씩 고급 인력을 둔 것'과 같다.

2. AI를 조직에 자연스럽게 녹여내는 법

업무를 모듈화하라.
반복 업무, 규칙 기반 업무부터 자동화
예: 매주 보고서 → AI 요약 시스템 도입

프로세스에 AI를 포함시키라.
기획서 작성 시 GPT에게 아이디어 피드백 요청
회의록 자동 정리 및 액션 아이템 추출

모든 팀원이 AI를 '도구'로 인식하도록 훈련
AI와 대화하며 일하는 습관이 중요
예: 업무 요청을 '프롬프트'로 바꾸는 능력

3. AI 협업을 위한 환경 구성

Notion + GPT 플러그인:

문서, 업무, 아이디어를 AI가 실시간 정리

Zapier + OpenAI:

이메일 수신 → 자동 분류 → 요약 보고 → Slack 전송

Slack AI Assistant:

실시간 업무 대화 감지 → 일정 반영 or 이슈 생성

Airtable + GPT:

제품 피드백 수집 → 자동 분류 → 주요 개선점 리포트

4. AI를 팀원처럼 생각하는 문화

AI에게도 "의사결정의 이유"를 물어라.

→ 왜 이 카피를 추천했는가?

→ 어떤 데이터를 기반으로 분석했는가?

매일 AI와 15분 미팅

→ 오늘의 마케팅 현황 점검

→ 고객 반응 요약

→ 콘텐츠 추천

AI에게 브레인스토밍 요청

→ 새로운 서비스 기능

→ 네이밍 아이디어

→ 경쟁사 분석 포인트

5. 실제 예시

스타트업 T사

5명 소규모 팀

하루 20건 이상 들어오는 고객 문의 → AI 챗봇 자동 대응

마케팅 문구 A/B 테스트 → GPT가 실시간 분석

매주 회의록 → 자동 정리 + 다음 회의 안건 추천

결과:

CS 대응 시간 90% 감소

신규 고객 전환율 2배 증가

구성원 1인당 생산성 3배 향상

6. 주의할 점

결정권은 사람에게 있어야 한다.
→ AI는 추천을 하고, 사람은 판단한다.

AI의 편향성과 오류를 감시해야 한다.
→ 이상한 제안, 극단적인 선택은 반드시 교차 검증

프롬프트 설계는 리더십의 몫
→ 어떤 질문을 할지, 어떤 답을 기대할지 명확히 정의

PART 8

마케팅과 브랜딩 전략

71. AI 기반 퍼포먼스 마케팅

"이제 마케팅은 '감'이 아니라 '데이터'로 한다."

마케팅의 세계는 매일 변한다.
하지만 그 안에서 **성과를 내는 사람들은**
늘 정해진 흐름을 만든다:
데이터 → 분석 → 실행 → 검증.
그리고 이전 과정을
AI가 빠르고, 정밀하게, 자동으로 수행할 수 있다면?
마케팅의 본질이 바뀐다.

1. 퍼포먼스 마케팅이란?

퍼포먼스 마케팅이란
성과(Performance)에 기반한 마케팅이다.
클릭당 과금(CPC), 전환율(CVR), ROAS 등
숫자로 측정되는 결과를 중심으로 전략을 짠다.
광고 하나하나에 KPI를 설정하고
데이터를 통해 최적화를 반복한다.
이제는 여기에 **AI가 실시간으로 개입**한다.

2. AI가 바꾸는 퍼포먼스 마케팅의 핵심

1) 카피라이팅 자동 생성

"이 제품을 30대 여성을 대상으로 매력 있게 소개해 줘"

→ AI는 클릭율 높은 문장 수십 개 제안

→ 반응 데이터에 따라 A/B 테스트까지 자동화

2) 고객 세그먼트 자동 분류

행동 데이터를 통해 구매 가능성 높은 고객 자동 태깅

이후 마케팅 메시지도 고객 성향에 따라 맞춤화

3) 예산 분배 최적화

AI는 캠페인마다 ROAS, CPC, CPA를 분석

가장 성과 좋은 채널에 예산을 자동 재분배

4) 콘텐츠 반응 예측

영상, 이미지, 텍스트 광고의 반응률을

사전 데이터 기반으로 예측

반응 낮은 콘텐츠는 자동 퇴출

3. 실전 적용 툴 예시

기능	추천 도구
광고 카피 자동화	Copy.ai, Jasper, ChatGPT
이미지 · 영상 광고 생성	AdCreative.ai, Pictory
캠페인 분석 및 예산 재분배	Madgicx, Revealbot
타깃 분석	Segment, Amplitude
실시간 데이터 대시보드	Looker Studio, Tableau

4. 실제 적용 사례

화장품 브랜드 M사

AI를 통해 광고 문구 100개 생성

실시간 A/B 테스트로 전환율 상위 5개만 유지

고객 행동 데이터 분석 → 잠재고객 집중 타겟팅

ROAS 280% → 430% 상승

스타트업 M사

AI가 예산 자동 분배 → 비효율 채널 40% 제거

매출 2.2배 증가 / 마케팅 비용 27% 절감

5. 중요한 마인드셋

AI는 '디자이너'가 아니다.
→ AI는 분석자 + 실험가다.

사람이 해야 할 것:
→ 전략 방향 설정
→ 실험 설계
→ 결과에 대한 인사이트 해석

AI에게 맡겨야 할 것:
→ 반복적 A/B 테스트
→ 광고 문구 조합

→ 타깃별 메시지 최적화

→ 반응률 모니터링

72. 개인 브랜드 자동 확장

"이제는 기업보다 개인이 브랜드다."

과거에는 기업이 브랜드였다.
하지만 지금은 다르다.
사람이 곧 미디어이고,
개인이 곧 브랜드다.
이제 문제는 "어떻게 브랜드를 키울 것인가?"가 아니라,
"어떻게 자동으로 확장할 것인가?"다.

1. 개인 브랜딩의 핵심 구성

정체성(Identity): 나는 누구인가?

가치(Value): 내가 세상에 주는 유익은 무엇인가?

메시지(Message): 그 가치를 어떻게 표현할 것인가?

채널(Channel): 어떤 플랫폼에서 전달할 것인가?

일관성(Consistency): 어떻게 지속적으로 각인시킬 것인가?

AI는 이 영역에서 **콘텐츠 제작 → 확산 → 분석**까지 자동화

2. AI로 자동화할 수 있는 영역

1) 콘텐츠 생성 자동화

블로그 글, 인스타 캡션, 유튜브 대본, 뉴스레터까지

ChatGPT, Jasper, Notion AI로 일관된 메시지를 빠르게 생산

2) 스케줄링 자동화

Buffer, Later, Metricool을 통해

콘텐츠 업로드 시점을 자동 최적화

팔로워가 가장 활발한 시간대에 자동 포스팅

3) 브랜드 톤 유지

AI에게 나만의 말투, 주제, 스타일 학습시켜

콘텐츠의 정체성 일관 유지

4) 분석 및 피드백 수집

어떤 콘텐츠가 반응이 좋았는가?

어떤 말투나 해시태그가 가장 영향력 있었는가?

→ AI가 자동 분석 후, 다음 콘텐츠에 피드백 반영

3. 실제 실행 루틴

매주 키워드 입력

이번 주 브랜딩 테마: 예) "시간관리", "부의 철학"

AI로 콘텐츠 10개 생성

블로그 / 인스타 / 유튜브용 분화

자동 스케줄 등록

주 3회 이상 자동 포스팅

성과 자동 분석

댓글 반응률, 저장률, 공유율 분석

반응 높은 콘텐츠 패턴 추출

다음 주 콘텐츠에 적용

이 루틴은 단 2시간이면 설정 끝.

그 후는 시스템이 90% 알아서 움직인다.

4. 도구 추천 리스트

기능	추천 툴
콘텐츠 생성	ChatGPT, Jasper, Writesonic
이미지·영상 생성	Canva, Pictory, Midjourney
SNS 자동 업로드	Buffer, Later, Publer
분석 리포트	Metricool, SocialBlade
브랜드 관리	Notion, BrandBird

5. 자동 브랜딩으로 성공한 사례

1인 기업가 A씨

AI를 통해 일주일 10개 콘텐츠 자동 생성

틱톡/ 인스타/ 블로그 통합 운영

팔로워 500명 → 38,000명

퍼스널 브랜드로 강의 · 전자책 판매 연간 1.2억 달성

변호사 K씨

전문 칼럼을 AI로 생성

자동 요약 콘텐츠로 리포스트

유튜브/ 링크드인에서 전문성 각인 → 업계 초청 강연 다수

73. 자동 이메일 마케팅 시스템

"돈은 리스트에서 나온다."

아직도 SNS만 붙잡고 계신가요?

진짜 자산은 '팔로워 수'가 아니라 **이메일 리스트**이다.

SNS는 알고리즘이 막으면 사라지지만, **이메일은 직접적인 소통 채널**이자 구매를 유도하는 강력한 도구이다.

1. 이메일 마케팅의 핵심 가치

신뢰 관계 형성: 타깃 독자에게 정기적으로 가치 제공

제품 판매: 이메일을 통해 자연스레 제품 소개 및 구매 유도

리마케팅 채널: 클릭 안 한 사람에게만 다시 보내는 재전송 기능

자동화된 시스템: 시간, 에너지, 비용 절감

이메일 마케팅은 '1:1 소통'처럼 느껴지는 가장 **전환율 높은 마케팅 채널**이다.

2. 자동화 시스템의 흐름

1) 가입 유도 (리드 마그넷 제공)
전자책, 체크리스트, 미니강의 등 무료 제공
랜딩 페이지에 이메일 입력 유도

2) 웰컴 시퀀스 (자동 환영 메일 시리즈)
구독 후 3~5일간 자동으로 가치 메일 전송
나의 브랜딩, 스토리, 미니 인사이트 공유

3) 판매 시퀀스 (제품 안내 및 CTA)
관심 있는 사람에게만 타겟팅
타이밍에 맞춰 제안 메일 전송
행동 유도 버튼: "지금 바로 다운로드 / 신청하기"

4) 재참여 시퀀스 (비활성 구독자 대상)
반응 없는 구독자에게 다시 흥미를 불러일으킬 콘텐츠 전송
일정 기간 반응 없으면 자동 삭제로 리스트 최적화

3. 도구 및 플랫폼 추천

기능	툴 이름	특징
이메일 자동화	MailerLite	직관적 UI, 저렴한 요금제
고급 캠페인	ActiveCampaign	자동화 시나리오 최적화
고도화 분석	ConvertKit	크리에이터에게 최적화

| 랜딩 페이지 | Systeme.io | 페이지+자동화+CRM 통합 |
| 리스트 관리 | Brevo (ex Sendinblue) | 한국어 지원, SMS 연동 가능 |

4. 콘텐츠 전략

AIDA 공식을 적용하라.

A (Attention): 제목으로 끌어라 – "이 3가지만 알면 매출이 달라진다."

I (Interest): 본문 초반에 독자의 문제를 콕 집어라

D (Desire): 솔루션으로서의 콘텐츠, 제품 제시

A (Action): 클릭 유도 – "여기서 바로 시작하기"

또한 메일은 단순히 정보 전달이 아니라
감정 공감, 인간적 연결이 핵심이다.

'대화체', '에피소드', '실패담'이 훨씬 잘 먹힌다.

5. 성공적인 이메일 마케팅 사례

컨설턴트 J님

무료 PDF 리포트로 구독자 2,000명 확보

자동 시퀀스로 서비스 소개

1주일 캠페인으로 480만 원 수익 발생

작가 H님

매주 '브런치 칼럼 요약' 이메일 전송

독자와의 신뢰 형성 → 유료 구독자 전환

이메일로 전자책·강의 연간 2천만 원 수익화

6. 설정 팁

이메일 제목은 40자 이내, 구체적이고 숫자 포함

하루 한 번 이하 발송 (스팸 판정 방지)

텍스트 중심 메일이 오히려 클릭률 높음

클릭률은 30% 이상 목표

74. 소셜미디어 콘텐츠 자동화

"사람보다 시스템이 꾸준하다."

하루 종일 핸드폰 붙잡고 콘텐츠 만들고, 댓글 달고, 해시태그 고민하는가? 그 에너지를 **당신의 창의성과 전략**에 쓰라.
실행은 **AI와 시스템**이 대신할 수 있다.

1. 왜 자동화가 필요한가?

꾸준함: 알고리즘은 '꾸준히 업로드하는 계정'을 선호한다.

시간 절약: 하루 3~5시간 소셜미디어에 쓰는 시간 → 전자동 전환

일관된 브랜딩: 톤앤매너 유지, 미리 짜놓은 캘린더로 안정감

데이터 기반 피드백: 어떤 콘텐츠가 효과적인지 AI가 분석

사람은 지치지만, 시스템은 지치지 않는다.

2. 콘텐츠 자동화의 핵심 흐름

1) 콘텐츠 캘린더 자동 생성

ChatGPT, Notion AI로 주제 아이디어 수백 개 추출

한 달 캘린더로 정리 (예: 월/수/금은 정보성, 화/토는 후기 콘텐츠)

2) 콘텐츠 제작 자동화

Canva: 디자인 템플릿 자동화

HeyGen, Pictory: AI 영상 자동 생성

ElevenLabs: AI 보이스로 더빙

Caption AI: 자동 자막 생성

3) 게시 자동화

Buffer / Metricool / Publer: 여러 채널 동시 예약 업로드

특정 시간대 자동 반복, 피드 디자인을 미리 시뮬레이션

4) 반응 추적 및 최적화

AI 툴이 좋아요 · 댓글 · 도달률 분석

가장 반응 좋은 콘텐츠 유형을 추천

자동 피드백 기반 재제작

3. 추천 자동화 도구 조합

목적	툴 이름	기능
주제 도출	ChatGPT + Notion AI	자동 콘텐츠 아이디어화
이미지 디자인	Canva + Magic Studio	자동 템플릿 제작
영상 제작	Pictory, Runway ML	블로그/스크립트를 영상화
예약 업로드	Buffer, Metricool, Later	인스타 · 페북 · 링크드인 예약
분석	SocialBlade, Sprout Social	채널 성장 및 KP 분석

4. 운영 전략

일주일치 콘텐츠 하루에 제작: 한 번에 몰아 찍고, 예약 발행

30일 반복 전략: 1개월 콘텐츠 돌려쓰기 (소폭 수정)

플랫폼별 최적화:

인스타그램: 이미지 + 짧은 릴스

유튜브: 60초 Shorts 중심

링크드인: 텍스트 중심 인사이트 공유

틱톡: 엔터테인먼트 요소 강조

5. 실전 예시

브랜드 컨설턴트 L

매주 월요일: 브랜딩 인사이트 카드뉴스 (Canva)

수요일: 고객 후기 릴스 (Pictory + ChatGPT 스크립트)

금요일: 무료 강의 안내 (영상 자동 자막 + 예약 게시)

→ 월간 팔로워 2,000명 순증, 문의 DM 매주 10건 이상

6. 팁 & 주의사항

콘텐츠는 '판매'보다 '가치 제공' 위주
자동화해도 댓글 · DM은 진심으로 직접 대응
너무 로봇 같으면 브랜드 신뢰 하락 → '인간미' 20% 섞기
반복되는 성공 콘텐츠는 **템플릿화하여 재사용**

75. AI 챗봇을 통한 세일즈 증대

"24시간 일하는 나의 첫 번째 세일즈 직원"

당신이 자는 동안에도, 고객의 문의에 실시간으로 답하고
상담을 유도하며, 심지어 결제까지 안내하는 직원이 있다면?
이제 그런 직원이 'AI 챗봇'이라는 이름으로
당신의 사업에 합류할 수 있다.

1. 왜 AI 챗봇인가?

즉시 응답: 대기 시간 없이 실시간 대응
고객 경험 향상: "답이 빨랐어요, 친절했어요."는 이젠 기본
자동 리드 수집: 이름, 연락처, 관심 상품 등 자동 저장
세일즈 흐름 설계: 자연스럽게 구매 · 예약 · 상담으로 연결

고객은 빠른 반응을 선호하고, 챗봇은 쉬지 않는다.

2. 챗봇으로 가능한 일들

기능	설명
1차 고객 문의 대응	가격, 위치, 이용방법, 제공 서비스 등 FAQ 처리
리드 수집	이름/연락처/이메일/희망 일정 등 자동 저장
세일즈 대화 흐름	"고객 니즈 → 맞춤 제안 → CTA 유도" 흐름 설계
예약 및 결제 유도	외부 링크 연동으로 자동 예약 또는 상품 주문
실시간 고객 맞춤 응답	과거 대화 기반 개인화 응답 가능
다국어 대응	글로벌 확장에 필수, 자동 번역 적용 가능

3. 세일즈 챗봇 설계 원칙

단순하고 명확하게

→ 질문을 길게 하지 말고, 선택지 중심으로

브랜드 톤을 유지하라.

→ 말투, 이모지, 이미지 활용까지 브랜드와 맞춰야

고객 행동 유도

→ "지금 예약하시겠어요?" / "더 많은 후기 보기" / "상담 연결"

CTA(Call To Action)는 자주 반복하라.

→ 전환율을 높이기 위한 전략적 반복

4. 챗봇 구축 도구 추천

도구	특징
ManyChat	인스타그램, 메신저, 왓츠앱 연동 강력
Chatbase	GPT를 이용한 고급 맞춤 챗봇 생성
Landbot	노코드 챗봇 UI 설계 가능
Tidio	실시간 상담 + AI 자동응답 통합형
Crisp Chat	CRM, 이메일, 채팅 통합 관리 가능

5. 실제 활용 시나리오

예시: 온라인 강의 파는 코치 A

방문자 유입 → "무엇이 궁금하신가요?" 메시지

'강의 후기 보기', '커리큘럼 확인', '할인 혜택 받기' 제공

챗봇이 고객 상황 파악 후 맞춤 상품 추천

할인쿠폰 제공 → 구매 페이지 이동 유도

→ 월 평균 세일즈 전환율 11% 상승

6. 챗봇 운영 팁

사람처럼 따뜻한 말투 사용

"안녕하세요~ 기다리게 해서 죄송해요!"

이모지와 이미지, GIF 등으로 생동감 추가

챗봇 이름도 하나의 브랜딩

(예: "세일즈 요정 민지봇", "고객도우미 챗쏘니")

76. 트렌드 예측 마케팅

"유행은 기다리는 게 아니라, 먼저 타는 것이다"

누군가는 트렌드를 **예상하고 움직이고**,
누군가는 트렌드를 **따라가고 지각한다**.
당신은 어느 쪽인가?

지금 시대는
AI가 트렌드를 먼저 감지하는 시대이다.
데이터를 분석하고, 흐름을 읽고,
무엇이 뜰지 미리 알려주는 능력.
이 능력이 있다면,
마케팅은 '도박'이 아닌 '수학'이 된다.

1. 왜 트렌드 예측이 중요한가?

마케팅 비용 낭비 감소
→ 시대 흐름과 동떨어진 캠페인 = 쓸모없는 광고비

고객의 마음 선점
→ 유행 전 제품, 서비스, 콘텐츠 출시 가능

퍼스트 무버 이점 확보
→ 플랫폼, 키워드, 콘텐츠 선점으로 브랜드 확장

2. AI가 읽는 트렌드

AI는 단순히 '유행'을 관찰하지 않는다.
AI는 다음과 같은 요소들을 결합해
미래형 트렌드 신호를 뽑아낸다.

분석 항목	예시
검색 키워드 상승률	"셀프 스튜디오", "제로웨이스트", "간편식"
소셜미디어 해시태그	#미니멀라이프, #감성사진, #MBTI
뉴스 기사 흐름	특정 주제 증가/감소 빈도
유튜브, 틱톡 알고리즘 분석	특정 주제, 챌린지 급부상
해외 트렌드 수집	글로벌 시장에서 먼저 뜬 테마 탐색

3. 트렌드 예측 AI 도구 추천

툴	특징
Google Trends	키워드 상승 · 하락 추이 확인
Exploding Topics	떠오르는 검색어를 빠르게 캐치
TrendHunter	소비자 중심 트렌드 큐레이션
SparkToro	청중이 보는 콘텐츠, 사용하는 키워드 분석
BuzzSumo	콘텐츠 공유량과 인기 주제 분석

4. 마케팅 적용 전략

콘텐츠 기획 시
→ 트렌드 키워드를 주제로 콘텐츠 제작
→ 고객이 '공감'하는 감성, 언어, 밈 활용

신제품 기획 시
→ 소비자 니즈가 반영된 유망 아이템 조기 출시

광고 캠페인 시
→ 유행하는 스타일, 메시지 톤, 디자인 반영

이벤트 및 챌린지 기획 시
→ 참여를 유도하는 트렌디한 해시태그 조합

5. 트렌드 타이밍의 골든룰

너무 이르면 설명이 필요하다.
너무 늦으면 의미가 없다.

딱 맞을 때는 설명하지 않아도, 사람들이 반응한다.
→ AI의 예측을 기반으로
"반응이 오기 직전" 타이밍을 노리는 것,
그것이 진정한 고수의 마케팅이다.

77. 잠재고객 스코어링

"누가 진짜 내 고객인가?"

모든 사람에게 마케팅을 하면, **아무에게도 도달하지 못한다.**
하지만 AI는 안다.

누가 지금 당장 제품을 구매할 준비가 되어 있는지,
누가 망설이고 있는지, 누가 그냥 둘러보고만 있는지,
이 차이를 **점수화**하는 것이 바로 '잠재고객 스코어링'이다.

1. 잠재고객 스코어링이란?

말 그대로,
고객의 구매 가능성에 점수를 매기는 것이다.
이를 통해 당신은 다음을 할 수 있다:

고객을 '우선순위'에 따라 분류
가망 고객에게 집중 투자
비효율적인 마케팅 낭비 제거

쉽게 말해,
시간과 자원을 가장 가능성 높은 사람에게 집중하는 전략이다.

2. 어떻게 스코어링 하나요?

AI는 다양한 행동 데이터를 분석해 고객을 점수화한다.

예를 들어,

행동	점수
이메일 클릭	+10
웹사이트 재방문	+15
장바구니 담기	+20
결제 직전 이탈	+25
7일간 무반응	-10
구매	+50 → 고객으로 전환

이렇게 축적된 점수는 CRM(고객관리 시스템)과 연동되어 자동으로 '핫 리드(Hot Lead)'를 분류한다.

3. AI 기반 스코어링 툴 추천

툴	특징
HubSpot CRM	행동 기반 자동 점수화, 마케팅 자동화
Salesforce Einstein	AI 기반 예측 분석
Zoho CRM	중소기업용 CRM과 리드 점수 기능
Leadfeeder	웹사이트 방문자 추적 및 B2B 스코어링
ActiveCampaign	이메일 반응 기반 고객 스코어링

4. 스코어링 결과로 할 수 있는 일

1:1 맞춤 메시지 발송

→ 점수 높은 고객에게는 할인/ 혜택 안내

세일즈 우선순위 조정

→ 가장 구매 가능성 높은 고객부터 전화/ DM 발송

리타겟팅 광고 집행

→ '망설이는 고객'에게 딱 맞는 타이밍의 광고 노출

이탈 고객 분석 및 회복 전략 실행

→ 점수 하락 원인 추적 후, 재관심 유도

5. 고객이 아닌 사람도 걸러낸다

점수화는

당신의 타깃이 아닌 사람을 필터링하는 데도 탁월하다.

무료 정보만 탐색하는 사람

구매 의사 없는 클릭 유입

반복적인 비활성 고객

→ 이런 그룹에게는 굳이 비용을 들이지 않아도 된다.

78. 파트너십 자동화 전략

"혼자 가면 빨리 가고, 함께 가면 멀리 간다. 하지만 함께 빨리 멀리 가는 법이 있다. 그게 바로 '자동화된 협업'이다."

1. 왜 파트너십이 중요한가?

마케팅의 세계에서 **혼자 할 수 있는 건 매우 제한적이다.**
협력은 레버리지이고, **파트너는 당신의 채널을 넓혀주는 '증폭기'이다.**

- 인플루언서와의 협업
- 콘텐츠 공동 제작
- 공동 이벤트 개최
- 상호 고객 교류

이 모든 전략이
시너지를 창출하고 마케팅 비용은 절감하게 한다.

2. 자동화는 어떻게 가능한가?

AI와 자동화 툴을 활용하면
이러한 파트너십도 **체계적이고 반복 가능**하게 운영할 수 있다.

자동화 전략 5단계

파트너 후보 자동 수집

업종, 팔로워 수, 콘텐츠 톤 등 기준으로 필터링

예: SparkToro, Upfluence 사용

협업 제안 자동 발송

이메일/DM 템플릿 기반 자동화

예: Lemlist, Mailshake 활용

성과 추적 자동화

클릭률, 전환율 등 분석

예: Bitly, UTM, Google Analytics

협업 후속 커뮤니케이션 자동화

리뷰 요청, 피드백 수집, 재협업 제안 자동 발송

CRM 연동으로 장기 파트너 관리

HubSpot, Notion, Airtable 등으로 이력 관리

3. AI가 파트너를 어떻게 찾는가?

AI는 데이터 기반으로
당신의 고객과 유사한 타깃을 보유한 파트너를 추천한다.

예를 들어, 당신이 여성 30대 직장인을 타깃으로 한다면,
AI는 같은 타깃을 보유한 유튜버, 블로거, 기업을 찾아낸다.

또한, 파트너의 과거 캠페인 성과, 신뢰도, 활동 내역까지 분석하여
실제 성과로 연결될 가능성이 높은 파트너만 필터링한다.

4. 파트너십 자동화 툴 추천

툴	기능
SparkToro	잠재 파트너 인사이트 분석

Lemlist	인플루언서/기업 제안 메일 자동화
Upfluence	영향력 기반 파트너 매칭
Airtable	협업 관리 및 CRM 대체
Pitchbox	파트너 발굴, 관계 구축, 성과 분석

5. 성과를 높이는 팁

상호 가치 제안: 단순한 요청이 아닌 '함께 성장하는 그림'을 제시하자.

성과 공유 자동화: 파트너가 실적을 한눈에 보게 하자.

꾸준한 커뮤니케이션 유지: 자동화는 도구일 뿐, 진심은 직접 전하자.

장기적 관계 구축: 1회성이 아닌 '파트너십 프로그램'으로 관리하자.

79. 영상 콘텐츠 분석 및 제작

"보여지는 순간, 반응이 시작된다.
이제는 누가 '말'하느냐보다 누가 '보여주느냐'가 중요하다."

1. 왜 '영상 콘텐츠'인가?

사람의 뇌는 **텍스트보다 영상을 60,000배 더 빠르게 이해한다.**
유튜브, 인스타 릴스, 틱톡이 세상을 바꿨다.

브랜드와 제품은 영상 속에서 살아 움직일 때 가장 강력한 인상을 남긴다.
더 이상 영상은 선택이 아니다. 마케팅 전략의 핵심 축이다.

2. AI로 영상 콘텐츠 분석은 어떻게 하나?

AI는 다음과 같은 방식으로
기존 영상의 성과를 진단하고 개선점을 제안해 준다.

분석 요소
시청 유지율 분석: 사람들이 언제 나갔는지 확인
클릭 유도 요소 탐지: 어떤 장면에서 전환이 높았는지 파악
감정 분석: 얼굴 표정, 톤, 배경음악의 정서 효과 분석
댓글 및 반응 분석: 긍정/부정 피드백 자동 분류

예:
10분짜리 영상에서 2분 30초 이후 이탈률이 급증했다면,
그 구간의 편집, 리듬, 메시지를 바꿔야 한다.
이걸 사람이 아닌 AI가 대신 분석해 준다.

3. AI로 영상 콘텐츠는 어떻게 제작하나?

과거에는 편집도 어려웠지만

이제는 AI가 **콘텐츠 기획부터 제작, 자막, 요약, 배포**까지 도와준다.

AI 영상 제작 프로세스
스크립트 자동 작성

ChatGPT, Jasper 등을 활용

트렌드, 키워드 기반으로 대본 구성

AI 음성 및 캐릭터 삽입

Synthesia, HeyGen, D-ID 등으로 얼굴과 목소리 생성

1인 기업도 전문가처럼 보이는 콘텐츠 제작 가능

편집 자동화

Descript, Wisecut: 영상 컷 편집, 자막 삽입, 배경음악 삽입 자동화

단축키 없이 영상 완성 가능

멀티채널 최적화

TikTok/ Instagram/ YouTube용 자동 리사이징 및 클립 추출

4. 추천 AI 도구 정리

도구	기능
Synthesia	AI 아바타 영상 제작
Pictory	블로그 → 영상 변환
Descript	영상 편집 + 텍스트 기반 자막 삽입
Wisecut	영상 속 불필요한 부분 자동 삭제
Veed.io	소셜 최적화 영상 생성 및 공유
Lumen5	문장을 이미지/영상으로 자동 변환

5. 영상으로 매출이 오르는 이유

사람은 영상을 통해 더 많은 신뢰를 형성한다.
실제 제품을 보고 듣고 느낄 수 있기 때문이다.

CTA(Call to Action: 구매, 신청, 구독 등)도 영상에서는 훨씬 더 효과적이다.

영상 콘텐츠는 단순한 홍보를 넘어 브랜드의 '정체성'을 전달한다.

80. 고객 행동 분석 마케팅

"고객은 말보다 행동으로 말한다.
그리고 AI는 그 행동을 정확히 읽는다."

1. 왜 '고객 행동 분석'이 필요한가?

과거 마케팅은 "누가 관심을 가질까?"를 예측하는 싸움이었다.
하지만 지금은 "누가 실제로 행동했는가?"를 기반으로 전략을 세우는 시대이다.

예를 들어, 어떤 버튼을 클릭했는가?
어디서 이탈했는가? 어떤 콘텐츠를 오래 봤는가?
어떤 경로로 유입되었는가?

이 모든 데이터는,
고객의 심리를 해독하는 '행동 언어'이다.

2. AI는 고객 행동을 어떻게 분석하는가?

AI는 **웹사이트, 앱, 이메일, 광고, 영상** 등에서 발생하는 모든 디지털 흔적을 수집하고 학습한다.

주요 분석 항목

클릭 패턴 분석: 어떤 CTA(Call to Action)를 눌렀는가?
스크롤 깊이: 콘텐츠 어느 지점까지 관심을 가졌는가?
방문 빈도 및 시간대: 언제, 얼마나 자주 방문하는가?
이탈 페이지 분석: 어떤 페이지에서 흥미를 잃었는가?
전환 경로 추적: 어떤 흐름으로 구매나 신청에 도달했는가?

AI는 이 데이터를 기반으로
이탈률을 줄이고, 전환율을 높이는 최적의 경로를 제시해 준다.

3. 마케터가 어떻게 활용하는가?

예시 시나리오:

A고객은 사이트를 3번 방문했고,
매번 '무료 체험' 버튼까지 갔다가 멈췄으며,
가장 오래 본 페이지는 '성공 사례'였고,
클릭한 이메일 제목은 "지금 신청시 10% 할인"

이런 행동을 AI가 분석해

→ A고객에게는 "성공사례 중심의 콘텐츠 + 한정 할인 배너"를 자동으로 보여줍니다.

즉, 고객 맞춤형 마케팅이 자동으로 이루어진다.

4. 활용 가능한 AI 도구

도구	기능
Mixpanel	앱 및 웹 행동 분석 전문
Hotjar	히트맵 분석 + 행동 리플레이
Amplitude	고객 여정 분석
Segment	데이터 통합 및 추적
Google Analytics GA4	웹사이트 사용자 행동 추적

이 도구들은 고객의 움직임을 실시간으로 모니터링하고 시각화해 준다.

단순히 데이터를 보여주는 것이 아니라,
"무엇을 바꾸면 전환이 늘어날지"까지 AI가 제안한다.

5. 분석에서 마케팅 전략으로

고객 행동 데이터를 기반으로 마케터는
다음과 같은 전략을 펼칠 수 있다.

CTA 문구 개선

이탈이 많은 콘텐츠 개편

구매 확률이 높은 고객 타겟팅

퍼널 최적화(전환 흐름 개선)

시간대/채널별 리타겟팅 전략 수립

인적 네트워크 및 레버리지 전략

81. 부자 네트워크에 들어가는 방법

> "돈보다 더 강력한 자산, 바로 사람이다."
> "그리고 그 중심에는 이미 성공한 사람들이 연결된 네트워크가 있다."

1. 왜 '부자 네트워크'가 중요한가?

부자는 단순히 자산을 많이 보유한 사람을 뜻하지 않는다.
기회, 정보, 영향력, 판단력, 신뢰
이 모든 것을 갖춘 사람들이다.
그리고 이들은 **혼자 일하지 않는다.**

정보를 교환하고
기회를 공유하며
자산을 불리는 네트워크를 형성한다.

이 네트워크에 들어가는 순간,
혼자 성장하는 속도와는 비교할 수 없는 기회를 얻게 된다.

2. 부자 네트워크는 어디에 존재하는가?

고급 커뮤니티
포럼, 마스터마인드, 고액 세미나
연 1,000만 원 이상의 고급 멤버십 클럽

투자자 모임

엔젤 투자자, 벤처 캐피털 네트워크

자산가 대상 부동산 · 스타트업 투자 설명회

전문가 중심의 비공개 모임

세무사, 변호사, 기업가, 교수 등

전문 직업인들과의 '지적 네트워크'

예술, 자선, 국제 비즈니스 행사

갤러리 후원 모임, 글로벌 재단 활동 등

비즈니스보다 관계를 중시하는 소프트 네트워크

3. AI로 접근하는 법

"아는 사람을 통해서만" 가능한 시대는 지났다.

이제 AI를 활용하면

네트워크 진입의 문턱을 '전략적으로' 낮출 수 있다.

활용법:

AI로 관심사 분석 및 타겟팅

타겟 인물의 SNS, 인터뷰, 콘텐츠 분석

무엇에 가치를 두는지 파악하고 맞춤 접근

AI로 프로필/ 이력서/ 브랜드 스토리 작성

단순한 자기소개가 아닌, 부자 네트워크의 니즈에 맞는 자기 PR 자료 생성

AI 추천 시스템으로 인맥 확장

LinkedIn, 비즈니스 SNS, 컨퍼런스 참가자 리스트 분석

공통 관심사 기반으로 인물 추천 및 소개 문구 생성

AI 자동화 이메일 및 메시지 발송

첫 인사말, 후속 대화, 정보 교환까지 시퀀스 작성

높은 응답률을 위한 최적 문장 설계

4. 반드시 기억해야 할 점

받기 전에 먼저 주기:

부자 네트워크는 '기브앤테이크'가 아닌, '기브 퍼스트' 문화이다. 가치 있는 정보를 먼저 나누는 사람이 신뢰받는다.

1:1보다 1:다수:

한 명에게 깊게 연결되면,

그 사람을 통해 '열 명 이상'에게 연결될 수 있다.

나의 브랜딩은 입장권이다:

당신이 누구인지, 무엇을 할 수 있는지

명확히 보이는 브랜딩이 곧 입장 티켓이다.

"부자와 연결되고 싶다면,

먼저 그들이 신뢰하는 언어와 문화를 이해하라."

그리고 AI는 그 문을 여는 '열쇠'가 되어줄 수 있다.

82. 지식 교환의 자동화

> "부자들의 진짜 자산은 '지식'이다.
> 그들은 정보를 교환하며 돈을 만든다."

1. 지식은 교환될 때 가치가 폭발한다

과거에는 지식을 '소유'하는 것이 중요했다면,
오늘날에는 지식을 '유통'시키는 사람이 더 큰 기회를 얻는다.

내가 가진 정보를 누군가에게 주고
그 사람이 다시 자신의 인사이트를 주는 구조
이 '**지식의 순환 구조**' 속에서
새로운 비즈니스, 투자 기회, 협업이 생겨난다.

2. 문제는 '시간과 체력'이다

지식을 나누는 건 좋다.
하지만 매번 직접 대화하고, 정리하고, 답해주는 건
너무 많은 에너지를 소모한다.
여기서 등장하는 것이 바로 AI 기반 지식 교환 자동화 시스템
이다.

3. 어떻게 지식을 자동화해 교환할 수 있을까?

1) AI로 나의 전문 지식 정리하기

내가 알고 있는 분야, 경험, 노하우를

AI에게 말하거나 글로 입력하면

→ **정돈된 Q&A, 매뉴얼, 짧은 콘텐츠**로 정리해 줌

2) 챗봇 형태로 '지식 나' 만들기

GPT 기반 챗봇에 내 지식 넣기

→ 사람들이 질문하면, 내가 직접 답변하지 않아도

내 기준, 내 언어로 자동 응답 가능

3) 지식 뉴스레터 자동 발송

매주 AI가 내 업계 트렌드 + 내 생각을 정리해서

뉴스레터 형태로 자동 발송

4) 지식 콘텐츠 재활용 자동화

내가 말한 것, 쓴 글, 강의 영상에서

→ 짧은 인사이트 요약, 카드뉴스, 블로그 글, 유튜브 쇼츠 생성

5) 커뮤니티 자동 응답 시스템

네이버 카페, 슬랙, 디스코드, 카카오 오픈 채팅 등에서→ 내가 부재 중일 때도

AI가 '자주 묻는 질문'에 대응하거나

정리된 자료 링크 전달

4. 지식을 나누면 뭐가 좋은가?

당신이 '전문가'라는 인식이 퍼진다.
→ 브랜드 가치 상승

사람들이 당신을 찾아온다.
→ 네트워크 자연 확장

기회가 몰려든다.
→ 강의, 컨설팅, 투자 제안, 콜라보 등

결국 '지식 교환'은 돈을 부르는 구조다.

5. 현실 적용 예시

자산가 A는 '상속 설계'에 대해 잘 안다 → AI 챗봇 + 블로그 운영

사업가 B는 '법인 운영' 노하우가 많다 → 슬랙 커뮤니티 + 뉴스레터 자동 발송

개발자 C는 'AI 자동화 툴'에 정통하다 → 유튜브 영상 → 블로그 요약 자동화

이처럼 **당신의 경험**은 '지식'이고,
AI는 그것을 자동화해 널리 퍼뜨릴 수 있게 해준다.

"지식은 나눌수록 커진다.
AI는 그 지식을 24시간 자동으로 배포해주는 조력자다."

83. 조인트벤처 전략

"혼자 뛰면 100m, 같이 뛰면 마라톤도 갈 수 있다."

1. 조인트벤처란?

조인트벤처(Joint Venture, JV)란 **두 개 이상의 독립적인 개인 또는 기업이 공동의 사업을 위해 자원과 역량을 모아 운영하는 방식**이다.

서로의 강점을 합쳐 위험은 나누고 수익은 공유하는 구조

이는 단순 협업을 넘어 '운명공동체'로서의 전략적 동맹이다.

2. 왜 조인트벤처인가?

자본 없이도 가능하다. 돈이 부족해도 당신의 기술, 아이디어, 네트워크만으로 투자자와 조인트 가능

빠르게 시장 진입 가능
이미 시장을 알고 있는 파트너와 함께하면
시행착오를 줄이고 속도전이 가능하다.

리스크 분산

자금, 운영, 마케팅 등에서

서로 역할 분담 → 실패 확률 감소

시너지를 극대화

나는 '기획', 그는 '실행'

나는 '고객 네트워크', 그는 '기술'

서로의 **결핍을 보완하는 구조**

3. 어떤 경우에 조인트벤처가 유리한가?

신사업 진출: 내가 없던 분야를 확장할 때

시간/ 역량이 부족할 때: 전업이 힘든 경우

기술/ 인프라가 없을 때: 개발, 생산, 마케팅 파트너 필요시

위험이 클 때: 실패 가능성 높은 사업이라면 공동 부담 유리

4. AI 시대, 조인트벤처는 어떻게 달라질까?

AI는 파트너 선정부터 계약, 협업 운영에 자동화 도움 가능.

1) 파트너 매칭 AI

나의 강점, 희망 분야, 성향 등을 분석해서

→ 가장 적합한 공동창업자, 투자자, 운영자를 추천해 줌

2) 공동사업 아이템 발굴

시장 트렌드와 결합하여

→ 서로가 할 수 있는 조인트 아이템 후보 제안

3) 스마트 계약 관리

지분 배분, 수익 분배, 업무 역할을
스마트 컨트랙트(블록체인) 기반으로 자동 관리 가능

4) 공동 운영 시스템

업무 공유, 일정 관리, 회계 분배를
AI 기반 플랫폼으로 운영 효율화 가능

5. 조인트벤처의 성공 조건

가치관의 일치
돈보다 **방향**이 중요하다.
→ 서로의 WHY가 맞아야 오래 간다.

책임의 명확화
역할, 기여도, KPI를 미리 구체화할 것

지분 설계의 투명성
→ 초기부터 정확히 나누고 문서화할 것

신뢰가 기반
계약은 관계를 지켜주는 도구일 뿐
진짜는 **사람 간의 믿음**이다.

6. 현실 적용 예시

컨설팅 전문가 + AI 개발자 → "AI 자동화 컨설팅 플랫폼" JV

유튜버 + 영상 제작사 → "콘텐츠 브랜딩 스튜디오" JV

땅 주인 + 건설사 + 브로커 → "지분형 상가 개발" JV

지식인 + 마케터 → "온라인 클래스 사업" JV

84. 인플루언서 협업 자동화

"내 말보다, 그 사람의 추천 한 마디가 더 팔린다."

1. 왜 인플루언서 협업이 중요한가?

과거에는 광고비를 퍼붓고, TV에 나오고, 큰 간판을 걸어야 했다.
하지만 지금은 단 하나의 영상,
단 하나의 인스타그램 피드가 수백만에게 도달한다.

신뢰와 팬덤을 기반으로 한 인플루언서 마케팅은
전통 광고보다 압도적으로 높은 전환율을 자랑한다.

2. 문제는 '어떻게 협업할까?'다

누굴 찾아야 할지 모르겠고 연락은 어떻게 해야 할지 막막하고 성과는 나지만 너무 비싸다.
그래서 등장한 것이 AI 기반 인플루언서 협업 자동화다.

3. AI가 바꾸는 협업의 방식

1) 타깃 맞춤형 인플루언서 매칭

AI가 내 상품의 타깃층, 관심사, 연령, 지역, 키워드를 분석해 **딱 맞는 인플루언서를 리스트업**해 준다.

예: 여성 30대 뷰티 제품 → 뷰티 유튜버/인스타/블로거 매칭

예: 지역 카페 오픈 → 지역 기반 SNS 파워 유저 매칭

2) 협업 조건 자동 정리

과거에는 일일이 메시지 보내고, 조건 조율하고, 계약해야 했다. 지금은 **AI가 협업 제안서, 조건표, 수익 배분안까지 자동 제시**한다.

DM, 이메일, 메시지 자동 발송

반응률 높은 문구 추천

콘텐츠 작성 기한, 해시태그, 링크, 리워드 등 자동 설정

3) 콘텐츠 성과 분석 및 관리

협업 후에는 AI가 콘텐츠 도달률, 전환율, 클릭수, 매출 연동 등 **정밀 리포트를 제공**한다.

어떤 인플루언서가 가장 효과적이었는지

어떤 콘텐츠가 바이럴됐는지

→ 다음 협업 전략 수립에 바로 반영

4. 인플루언서를 '고객'이 아닌 '파트너'로

협업을 단발성으로 끝내지 말고,
장기적 파트너십으로 만들자.
성과 기반 리워드 설계
공동 기획 상품 론칭
팬덤 공동 활용 → 고객 충성도 상승

5. 인플루언서 협업 자동화 툴 예시

Upfluence, Heepsy, Modash
→ 인플루언서 검색, 타깃 설정, 자동 DM

GRIN, AspireIQ
→ 협업 관리, 콘텐츠 자동 수집, 성과 리포트

ChatGPT + Zapier 연동
→ 자동화된 협업 메시지, 일정, 리마인더 전송

6. 핵심은 진정성 + 데이터다

사람들은 '광고'보다 '진짜 사용 후기'를 믿는다.
그렇기 때문에, 인플루언서도 **신뢰할 수 있는 제품**만 소개하려 한다.

→ 따라서,
리뷰용 체험 키트 제공
사전 커뮤니케이션 강화
성과 공유와 피드백은 필수다.

"이제 브랜드는 나 혼자 키우는 게 아니다.
팬덤을 가진 이들과 연결되어 함께 자란다.
인플루언서를 자동화하라. 부의 확장 버튼이 된다."

85. 인맥 확장 알고리즘

"연결이 곧 기회다. 인맥도 전략적으로 확장할 수 있다."

1. 인맥은 '운'이 아니라 '설계'다

대부분의 사람들은 인맥을 **운**이나 **우연**으로 여긴다.

하지만 부자들은 **의도적으로, 계획적으로, 전략적으로**
사람을 만난다.

누굴 만나야 할지 어떤 상황에서 관계를 맺을지
어떻게 깊이 있는 연결로 만들지를
이 모든 것을 **시스템화하고 알고리즘화**한다.

2. AI로 인맥을 설계하다

AI가 제공하는 인맥 확장 알고리즘은 다음과 같은 방식으로 작동한다:

1) 목적 기반 타깃 설정

먼저, 내가 원하는 사람의 유형을 명확히 정의한다.
예: 창업 멘토, 투자자, 업계 인플루언서, 특정 기업의 실무자
→ AI에게 조건을 입력하면 해당 타깃을 자동으로 분류하고 추천해 준다.

2) 관심사 기반 매칭

AI는 내 관심사와 연결 가능한 타인의 관심사를 분석해 **자연스러운 대화 포인트**를 만들어낸다.
예: 같은 책을 읽었다거나, 같은 모임에 참여했거나, 공통 친구가 있는 사람
→ 이들은 '낯선 사람'이 아닌 '연결된 사람'으로 느껴진다.

3) 자동 인트로 & 팔로우업

사람을 만났을 때 가장 중요한 건 **첫인사와 그 후의 유지 관리**다.
AI는
첫 메시지 자동 생성
명함 인식 후 연결 및 인사
1주/ 1달 후 자동 팔로우업 메시지 추천 등을 통해 관계를 자연스럽게 이어준다.

4) 커뮤니티 활용 전략

AI는 내가 속해 있는 커뮤니티, 네트워크 모임, 온라인 그룹을 분석해 **핵심 인물, 잠재 파트너, 교류 기회**를 제안해 준다.
어떤 모임에서 어떤 사람을 만나야 하는지
누가 '핵심 연결고리'가 될 수 있는지

→ 네트워크의 맵을 시각화해 보여준다.

3. '좋은 사람'을 넘어 '맞는 사람'을 만나라

인맥의 질이 곧 사업의 속도를 결정한다.
AI는 단순히 많은 사람을 만나게 하는 것이 아니라,
나에게 필요한 사람과 연결되게 도와준다.

비슷한 가치관
상호 보완 가능한 역량
서로를 성장시킬 수 있는 사람
이러한 사람들과의 연결은 1명이 100명의 역할을 하게 만든다.

4. 추천 도구

Clay, Affinity: 인맥 관리 자동화, 관계 심화 도구
LinkedIn AI Tools: 타깃 맞춤형 메시지, 인맥 지도 시각화
ChatGPT + Notion/ Zapier: 대화 기록 정리, 리마인더, 연결 제안

5. 인맥 확장도 '지속 가능성'이 중요하다

지나치게 홍보하거나, 얕은 관심으로 접근하면
한 번은 통하겠지만 오래 남지 않는다.
→ 핵심은 '주기적인 관심'과 '상호 이익'이다.
AI는 이를 **자연스럽고 꾸준하게 유지**하도록 도와준다.

"AI는 내 연결의 망을 넓히고, 깊은 관계로 리드해 준다.
인맥은 기회다. 기회는 연결된 사람에게 온다."

86. 영향력 있는 커뮤니티 운영

"혼자 가면 빠르지만, 함께 가면 멀리 간다."

1. 커뮤니티는 자산이다

지금 시대의 경쟁력은 '얼마나 뛰어난가'보다 '누구와 함께 있는가'에 달려 있다.

나 혼자 잘하는 것보다, 나로 인해 많은 사람이 성장하는 구조를 만들면 그 자체로 강력한 **브랜드**와 **자산**이 된다.
커뮤니티는 그 중심에 있다.

2. AI로 커뮤니티를 기획하고 성장시키는 법

영향력 있는 커뮤니티는 단순한 모임이 아니라 **정교하게 설계된 플랫폼**이다. AI는 그 설계를 돕는 완벽한 파트너다.

1) 커뮤니티 콘셉트 자동 도출
AI는 내 관심사, 내가 가진 지식, 시장의 흐름 등을 분석해 **어떤 커뮤니티를 만들면 좋을지** 제안해 준다.

예: '30대 퇴사 준비자들을 위한 월 백만 원 사이드잡 커뮤니티'

'AI를 활용한 1인 사업가 네트워크'

'부동산 법인 운영자들의 세무 정보 교류 플랫폼' 등

→ 내 강점과 시장 니즈를 연결하는 **정밀한 기획**이 가능하다.

2) 콘텐츠 자동 생성 및 운영

커뮤니티에서 가장 중요한 건 **지속적인 콘텐츠**다.

AI는 다음을 자동화해준다:

정기 뉴스레터 발송

주간 질문 리스트 생성

멤버 인터뷰 질문 도출

교육자료 요약 및 정리

콘텐츠 스케줄 관리 및 리마인드

→ 운영자 입장에서 **피로도는 줄이고**,

참여자 입장에선 **풍부한 콘텐츠 경험**을 제공한다.

3) 핵심 멤버 자동 선별

AI는 멤버들의 활동 데이터를 분석해 정보를 도출한다:

가장 활발한 사람

질문을 자주 던지는 사람

주변 멤버들에게 긍정적 영향을 주는 사람

→ 이들을 **핵심 운영진, 콘텐츠 리더, 소모임 리더**로 육성할 수 있다.

4) 참여 유도 & 유지 시스템

AI는 다음과 같은 방식으로 **지속적 참여를 유도**한다:

맞춤형 알림 메시지 전송

이슈 키워드 기반 피드 제안

개인 관심사 기반 소모임 추천

휴면 멤버 리마인드 메시지 생성

→ 커뮤니티가 죽지 않고 살아 숨 쉬는 조직이 된다.

3. 영향력 있는 커뮤니티의 공통점

소속감을 느끼게 한다

성장의 루트가 명확하다

공헌의 기쁨을 제공한다

운영자가 아닌 모두가 주인공이다

AI는 이 모든 요소를 **시스템화하여 유지시켜 준다**.

4. 추천 도구

Circle, Geneva: 커뮤니티 플랫폼 관리 툴

ChatGPT + Airtable: 멤버 DB 관리 및 활동 분석

Zapier + Notion: 자동 공지, 콘텐츠 배포, 이벤트 알림

Typeform + GPT: 멤버 피드백 수집 및 분석

5. 커뮤니티는 곧 나의 브랜드다

나의 지식, 신념, 비전이

사람들과의 연결을 통해 증폭된다.

그 커뮤니티가 자라면
나의 존재감과 영향력도 함께 성장한다.

87. 전문가를 레버리지 하는 법

"내가 모든 걸 알 필요는 없다.
전문가를 내 편으로 만드는 순간, 게임은 바뀐다."

1. 혼자 다 하려는 사람 VS 전문가를 쓰는 사람

초보 사업가일수록 **모든 걸 스스로 하려는 경향**이 있다.
진짜 고수는 일찍부터 **전문가와 협업하는 구조**를 만든다.

부동산 전문가
세무사, 회계사
AI 개발자
법무 전문가
마케팅 전략가

퍼스널 브랜딩 컨설턴트 이들과 어떻게 협업하고,
어떻게 AI로 그 과정을 자동화할 수 있을까?

2. AI는 전문가를 '찾고', '검증하고', '관리'한다

전문가를 레버리지하려면 좋은 전문가를 내 목적에 맞게 효율적으로 활용할 수 있어야 한다. 이 3단계를 AI가 돕는다.

1) 전문가 탐색 자동화

AI는 다음과 같은 방식으로 나에게 딱 맞는 전문가를 추천한다:

온라인 포트폴리오 분석

과거 프로젝트 사례 수집

리뷰/평판 정리

SNS 활동 분석

예를 들어,

"부동산 법인 세무에 특화된 세무사"를 찾고 싶다면,

GPT + 웹 스크래핑 툴을 통해 다음 정보를 정리할 수 있다:

블로그 글 주제 분석

키워드 언급 빈도

고객 리뷰 감정분석

→ 신뢰도 기반으로 정렬된 '우선 컨택 리스트' 생성

2) 협업 구조 설계

전문가와 단발성 거래가 아닌 '지속 가능한 협업 구조'를 만들기 위해 AI가 다음을 도와준다:

계약 조건 비교 및 문안 작성

업무 분장표 자동 생성

일정 및 보고 체계 수립

KPI 설정 및 진행 상황 트래킹

예를 들어,

Notion + GPT를 연동해 전문가 로드맵을 시각화할 수 있다.

3) 관계 유지 및 효율화

전문가와의 관계도 결국 '관계 관리'다.

AI는 다음을 자동화할 수 있다:

정기 미팅 알림

업무 피드백 요약 및 리포트 정리

감사 메시지 자동 발송

프로젝트 리뷰 수집 및 DB화

→ 관계가 '작업'이 아닌 '시스템'이 되면

나와 전문가 모두 피로도 없이 오래 간다.

3. 핵심은, 나의 역량이 곧 네트워크의 총합

전문가 5명과 잘 연결되어 있는 사람은

혼자 일하는 1인 기업보다 10배 이상 빠르게 성장할 수 있다.

모르는 영역은, **전문가와 AI를 통해 연결하고 통제 가능**하다.

4. 추천 도구

Apollo, LinkedIn AI Extension: 전문가 발굴

Notion + Zapier + GPT: 협업 관리 시스템

DocuSign + GPT 계약서 초안: 문서화 자동화

Trello + GPT 요약봇: 진행 관리

"전문가를 고용하는 게 아니라, 시스템 안에 초대하라.
AI가 그 연결을 견고하게 만든다."

88. 멘토 찾기와 관계 유지 AI

"좋은 멘토 하나가 인생 전체의 가속기가 된다.
AI는 그 만남을 설계하고 지속시킨다."

1. 멘토의 힘: 단 한 사람으로 바뀌는 인생의 궤도

성공한 사람들의 공통점 중 하나는
"좋은 멘토를 일찍 만났다."는 것이다.
멘토는 단순한 조언자가 아니다.
내 가능성을 먼저 믿어주는 사람
나보다 먼저 그 길을 걸어본 사람
실수하지 않도록 조언해 주는 사람
위기의 순간에 방향을 알려주는 사람

하지만 **어떻게 그런 사람을 만날 수 있을까?**
또, 만났다고 해도 **어떻게 관계를 오래 유지할 수 있을까?**

2. AI는 다음 3단계를 돕는다

나에게 맞는 멘토 후보를 찾고
인연을 만들고
관계를 지속시킨다.

1) 멘토 매칭 시스템
GPT + 데이터 분석 툴을 활용하면
내 성장 목표, 가치관, 관심 분야, 성격 등을 기반으로
최적의 멘토 후보를 선별할 수 있다.

예시:
내가 "부동산 투자 + AI 자동화"를 하고 싶다면
→ 그 분야에서 활동 중인 CEO, 저자, 유튜버 리스트를 AI가 자동 추천

GPT에게 다음과 같이 요청 가능:
"부동산 자동화에 경험 있는 실무형 투자자 5명을 추천해줘. 블로그, 책 출간 여부도 알려줘."

2) 인연 만들기: 접근 전략
멘토가 유명하거나 바쁘다면, 접근이 쉽지 않다.
하지만 AI는 '접근의 각'을 만들어준다.
멘토의 콘텐츠 분석 → 관심 주제 파악
이메일/DM 문구 자동 생성

관심사 맞춤형 인사말 제안

예시:

GPT에게 이런 요청도 가능하다:

"이 멘토의 블로그 글들을 읽고 공감한 포인트를 요약해서, 감사 인사와 함께 메시지 작성해줘."

3) 관계 유지: 지속적인 관리

AI는 사람처럼 꾸준히 연락하지 않지만,
정기 리마인더와 맞춤 대화 소재 추천으로
끊기지 않는 관계를 만들어준다.

활용 예:

대화 내용 요약 → 다음에 이어질 이야기 준비
"○○님의 생일입니다. 축하 메시지 보내세요!"
"최근 ○○님이 인터뷰에 나왔습니다. 피드백 남기기 추천!"
모든 걸 기억하는 AI 덕분에
멘토 입장에서는 "이 친구 참 성실하네"라는 인상을 주게 된다.

3. 멘토링의 피드백 루프

AI는 내가 멘토에게 받은 조언을 기록하고 행동하고 결과를 요약해 다시 멘토에게 보고하는 루프를 만든다.

→ 멘토는 피드백하기 편하고
→ 나는 실행력이 높아진다.

4. 추천 툴

ChatGPT + Web 검색 기능: 멘토 후보 조사

Notion + AI: 멘토링 노트 관리

Calendly + GPT 요약봇: 정기 미팅 예약 및 회의 요약

Superhuman, Mailbutler: 자동 감사 메일 및 후속관리

"AI는 사람을 대신하지 않는다.
대신, 관계를 깊게 만든다.
멘토링은 '운'이 아니라 '설계'다."

89. 협업 파트너 분석 및 추천

"혼자 가면 빨리 가고, 함께 가면 멀리 간다.
AI는 그 '함께'를 설계한다."

1. 왜 협업이 중요한가?

비즈니스는 '혼자'보다 '함께'일 때
더 큰 성과를 낸다.
특히 다음과 같은 경우엔 협업이 필수다.

제품은 있는데 마케팅이 약할 때
좋은 아이디어는 있지만 자본이 부족할 때

실행력이 있으나 인프라가 없을 때

협업 파트너는 나의 약점을 보완해줄 뿐 아니라, 성장을 함께 설계하는 동반자가 된다.

2. 문제는 "누구와 협업할 것인가?"

아무하고나 손잡으면 안 된다.
신뢰, 실행력, 전문성, 이해관계… 모두 중요하다.
AI는 이 문제를 '분석'으로 푼다.

1) 파트너 후보 리스트업
AI는 다음을 기반으로 협업 후보를 찾아낸다.
내 업종과 유사한 네트워크
기존 성공한 협업 사례와 유사한 패턴
SNS, 블로그, 유튜브 등 콘텐츠 기반 인사이트

예시:
"내가 헬스케어 앱을 개발 중이야. 운동 영상 콘텐츠 제작 가능한 파트너 기업 리스트와 특성을 분석해줘."
→ GPT는 적합한 인플루언서, 기업, 개인 창작자 등을 성과와 평판 기반으로 정리해준다.

2) 협업 적합도 분석
AI는 데이터 기반으로 "맞춤형 협업 점수"를 계산한다.

기준 예시:

브랜드 이미지의 시너지

고객층의 겹침 여부

실행 속도 및 피드백 반응

기존 프로젝트 완수율

→ 협업 전, 미리 시뮬레이션해볼 수 있다.

3) 커뮤니케이션 전략 제시

GPT는 협업 제안서, 파트너십 제안 이메일, 첫 미팅 대화 주제까지 자동으로 구성해준다.

예시 프롬프트:

"이 파트너에게 이메일로 협업 제안할 건데, 우리가 제공할 가치와 함께 설득력 있게 써줘."

또는

"첫 미팅에서 나눌 질문 리스트와 자료 준비 내용 알려줘."

4) 협업 과정 추적 및 리스크 경고

각 파트너의 진행 상황 추적

KPI 달성률 자동 분석

일정 지연 시 알림

감정 어투 변화 감지 → 갈등 징후 파악

AI는 단순한 '조력자'가 아니라 **관계 매니저**가 된다.

3. 추천 툴

Apollo / LinkedIn AI: 협업 후보 리스트
ChatGPT + Persona 분석: 파트너 적합도 판단
Notion AI + Google Sheets: 프로젝트 관리 및 협업 추적
Otter AI / Fireflies: 협업 회의 자동 기록 및 요약

"협업은 감으로 시작되지만,
AI는 그것을 과학으로 완성한다."

"좋은 파트너는 선택이 아니라 분석의 결과다."

90. 협업 이익 분배 구조 설계

"함께 만든 결과는 어떻게 나눌까?
AI는 공정한 기준을 제안한다."

1. 협업이 실패하는 가장 큰 이유

바로 **이익 배분의 불균형**이다.
"나는 더 했는데 왜 적게 가져가지?"
"그 사람은 돈만 냈지, 실질 기여는 없었잖아."
이런 갈등은 관계를 무너뜨리고, 잘 되던 프로젝트도 끝을 맞이하게 만든다. 그래서 **이익 분배 구조의 설계**는 협업의 시작이 아니라, **핵심 전략**이다.

2. AI가 바꾸는 협업 배분의 공식

이전에는 감, 인맥, 주먹구구로 나눴다면
이제는 AI가 공정하고 합리적인 배분 모델을 제안해 준다.

1) 기여도 기준 자동화
AI는 아래 요소 기반 파트너별 기여도를 수치화할 수 있다.
초기 자본 기여, 시간 투입량, 보유 기술/지식/네트워크
실제 성과 (매출/마케팅 효과 등), 리스크 부담 정도

예시 프롬프트:
"A는 기획과 마케팅, B는 개발, C는 자본을 투자했을 때 적절한 이익 분배 비율을 시뮬레이션 해줘."
→ GPT는 다양한 시나리오를 비교해주며
'리스크 대비 수익성'도 함께 계산한다.

2) 분배 모델 제안
고정 비율 모델: 사전에 정한 비율대로 나누는 단순 구조
성과 기반 모델: KPI 달성에 따라 달라지는 변동 구조
하이브리드 모델: 기본 비율 + 성과 인센티브

예시:
"기본 5:3:2 비율에, 마케팅 성과 10% 이상 달성 시 인센티브를 추가로 지급하자."
→ GPT는 세금 문제, 분쟁 가능성까지 고려하여

계약서 문장도 함께 생성해준다.

3) 분배 구조의 자동 추적 시스템

실시간 KPI 분석, 매출 기여도 시각화, 일정/성과 연동된 보상 시스템

이를 통해 누가 어떤 기여를 했고, 얼마를 받아야 '공정'한지 팩트 기반으로 판단할 수 있다.

3. 추천 툴

ChatGPT + Excel / Google Sheets: 분배 비율 자동화
DocuSign + GPT 계약서 생성기: 협업 계약 자동 작성
ClickUp / Notion AI: 업무 기여도 추적 및 시각화
OpenAI API + Zapier: 실시간 분배조건 자동 트리거시스템

장기 성장 전략 및 종합 시스템

91. AI 재무 코치 설정하기

"AI가 나만의 재무 코치가 된다면, 부의 흐름은 더 뚜렷해진다."

1. 왜 재무 코치가 필요한가?

우리는 돈을 벌지만, 그 돈이 어디로 사라지는지는 모른다.
계획 없이 쓰고, 충동 투자하고, 지출 내역은 기억조차 없다.
하지만 AI는 숫자를 기억하고, 흐름을 분석하며,
미래를 예측하는 능력이 있다.
그래서 이제는 '내 안의 회계사'가 아니라,
'내 손 안의 AI 재무 코치'를 만들어야 할 때다.

2. 나만의 재무 코치 만드는 방법

1) 나의 금융데이터 모으기
월별 수입과 지출
고정비, 변동비 항목
자산 구성 (현금, 부동산, 주식 등)
부채 내역 (대출, 카드, 기타)
이 데이터를 기반으로
GPT에게 이렇게 말해보자:

"아래 내역을 바탕으로, 나에게 맞는 예산관리 계획과 저축 전략을 짜 줘."

→ AI는 지출을 분석하고, 낭비 항목을 집어내며
당신만의 **지출 전략**을 설계해 준다.

2) 목표 기반 자산 설계

예시 프롬프트:

"나는 5년 안에 집을 사고 싶고,
은퇴 자산 20억 원을 20년 안에 만들고 싶어.
가능한 자산 포트폴리오와 전략을 짜줘."

→ GPT는 물가 상승률, 투자 수익률 가정 하에
매달 얼마씩 투자해야 할지,
어떤 자산을 얼마나 배분해야 할지를 알려 준다.

3) 자동화된 리포트 생성

매주, 매달 GPT가 다음 내용을 요약해 준다:
이번 달 지출 요약, 목표 대비 자산 증가율, 투자 포트폴리오 수익률, 주의해야 할 소비 트렌드, 다음 달의 행동 가이드
→ 마치 **개인 CFO**가 재무 회의를 브리핑 해주는 느낌이다.

3. 추천 툴 & 세팅

GPT + Google Sheets: 지출내역 분석 및 월간 리포트 자동화
Notion AI: 자산 목표 트래킹 대시보드
OpenAI + Zapier: 특정 소비 조건 발생 시 리마인드 알림

Tiller / Mint / Toss 연동: 카드, 계좌 내역 자동 수집

92. 자산 성장 시뮬레이터 운영

"미래 자산을 직접 시뮬레이션하고 조정할 수 있다면,
당신의 부는 더 이상 '운'이 아니다."

1. 왜 자산 성장 시뮬레이터가 필요한가?

사람들은 흔히 묻는다.

"지금 이대로 가면, 내 자산은 얼마나 커질까?"
"투자 비율을 바꾸면, 얼마나 더 빨리 10억, 100억에 도달할까?"

하지만 이 질문에 명확히 답해주는 사람은 없다.

바로 여기서, AI 기반 자산 시뮬레이터가 등장한다.
→ GPT + 계산 알고리즘 + 시각화 도구를 활용하면
당신의 자산이 시간에 따라 어떻게 성장할지를
구체적으로 '보여주는 시스템'을 만들 수 있다.

2. 핵심 원리: 복리 + 시나리오 기반 예측

자산 시뮬레이터는 단순 계산기가 아니다.

매달 투자 가능한 금액

수익률(주식, 부동산, 채권 등)

투자 비율 조정

리스크 허용 범위

목표 기간(5년, 10년, 30년)

등의 변수를 입력하면,

"2025년 현재 1억 원 자산을 가지고

매달 200만 원씩 투자하고, 연평균 7% 수익률을 가정하면

2045년엔 약 9억 원의 자산이 된다."

이처럼 미래 자산 규모를 구체적으로 '예측'할 수 있다.

3. GPT에 이런 식으로 활용해 보자

예시 프롬프트 1

"현재 자산은 2억 원이고,

매달 300만 원을 투자할 수 있어.

20년 동안 연 수익률 6%, 8%, 10% 각각의 시나리오로

자산 성장을 예측해 줘."

예시 프롬프트 2

"현재 자산은 3억이고,

부동산 60%, 주식 30%, 채권 10%로 운용 중이야.

각각의 수익률 변동에 따라
10년 후 자산 범위를 예측해 줘."

→ GPT는 **수치 계산 + 표 + 요약**을 제공하며,
숫자만이 아닌 **전략적 통찰**도 함께 준다.

4. 시각화까지 하면 완벽하다

GPT의 출력값을
Google Sheets, Notion, 혹은 Tableau Public, Excel로 옮기면
자산 성장 그래프를 만들 수 있다.

매년 자산 증가 그래프
수익률 변화에 따른 민감도 분석
자산 종류별 비중 변동
→ '보이는 미래'를 만들 수 있다.

5. 추천 툴 조합

GPT + Excel / Google Sheets: 연복리 계산, 시나리오 분석
Notion AI + 템플릿: 장기 목표 설정 + 월별 추적
FlowGPT / GPTs builder: 나만의 자산 시뮬레이터 GPT 생성
AI 재무 코치와 연동: 예산, 투자, 은퇴까지 한 번에 관리

"자산의 성장은 예측할 수 있을 때 비로소 현실이 된다."

"시뮬레이션은 '미래 부자'를 위한 지도를 그리는 일이다."
"부는 우연이 아니라, 설계된 결과다."

93. 건강과 부의 상관관계 설계

"건강은 비용이 아니라 최고의 투자다.
건강을 설계하면 부도 설계된다."

1. 왜 건강이 부와 직결되는가?

대부분의 사람들은 '건강'과 '부'를 따로 본다.
하지만 진짜 부자들은 **이 둘을 통합적으로 설계**한다.

에너지 없는 몸으로는 창조적인 아이디어가 떠오르지 않고
잦은 병치레는 시간과 비용을 빨아들이며
만성 스트레스는 관계를 망치고,
건강이 무너지면 결국 **모든 수익 시스템도 멈춘다.**

즉, 건강은 **시간·에너지·집중력**을 위한 가장 기초적인 자산이다.

2. AI로 설계하는 '건강-부 연계 전략'

GPT와 다양한 헬스 데이터를 연동하면

당신의 건강 패턴과 자산 운용 전략을 연결할 수 있다.

예를 들어,

수면 시간과 집중력 간의 관계

영양섭취 + 운동 빈도와 생산성의 상관성

정신 건강과 투자 결정의 감정적 일관성

을 분석해,

"몸이 좋을 때 수익률이 더 높다"는 패턴을 구체적으로 파악할 수 있다.

3. GPT 프롬프트 예시

예시 1

"내가 주 2회 운동하고, 매일 7시간 수면을 취할 때
업무 집중력이 얼마나 높아지고
결과적으로 수입에 어떤 영향을 줄까?"

예시 2

"최근 만성 피로가 생기면서 매출이 떨어졌는데,
내 루틴을 분석해 건강 회복 전략과 함께
수익성도 회복할 방법을 설계해 줘."

GPT는 **패턴 분석 + 루틴 개선 + 부의 흐름과의 연결**까지 도와준다.

4. 구체적으로 설계하기 위한 항목들

항목	설명	연관된 부의 영향
수면 루틴	기상/취침 시간, 깊은 수면 비율	집중력, 감정 조절, 사고력
식단 및 영양	간헐적 단식, 저당식, 오메가3 섭취	뇌 건강, 에너지 레벨
운동	주간 활동량, 심박수 조절	스트레스 해소, 활력 유지
정서 관리	명상, 저널링, 상담	창의성, 인간관계, 리더십
디지털 디톡스	스마트폰 사용량 제어	몰입, 효율, 수면의 질

→ 이 모든 데이터를 AI 기반으로 추적하고 피드백받으면 '부를 부르는 몸 상태'를 과학적으로 유지할 수 있다.

5. 실전 툴 조합

Oura Ring + GPT: 수면, 스트레스 지표를 분석해 행동 제안
MyFitnessPal + GPT: 식단 기록 후 뇌 에너지 최적화 제안
Apple Health + GPT: 주간 건강 상태 리포트 + 재무 영향 평가
Notion 헬스보드: 감정, 운동, 식사, 목표 추적 및 피드백 자동화

"건강은 부의 엔진이다.
관리하지 않으면 멈추고, 설계하면 가속된다."

"몸이 무너지면 사업도 멈추고,
에너지가 넘치면 수익도 흐른다."

94. 스트레스 최소화 시스템

"스트레스는 성공의 대가가 아니라, 시스템 미비의 결과다."

1. 스트레스는 '방치'가 아니라 '설계 대상'이다.

현대인의 스트레스는 '피할 수 없는 감정'이 아니다.
측정가능, 자동 관리 가능하며, 전략적으로 설계 가능 변수다.

2. AI로 스트레스 시스템을 설계하는 이유

GPT와 연동된 라이프 트래커를 활용하면, 스트레스를 유발하는 **패턴 찾아내고, 사전 예방 회복 프로그램**으로 전환 가능.

예시:
"월요일 오전 미팅 몰릴수록 감정 기복 크고 생산성 낮다."
"SNS 사용 시간 증가 시, 자기 효능감 하락 → 무기력감 상승."
이러한 패턴을 자동 분석하고 GPT가 피드백을 주는 구조로 설계하는 것이 핵심이다.

3. 스트레스 자동 추적 & 피드백 루프 구성

데이터 수집
Apple Watch, Galaxy Watch, Oura 등으로 심박수 · 수면 · 활동량 기록, 일간 감정 일기 자동 입력(GPT 감성 분석 API 연동)

원인 분석

"어떤 일정, 사람, 식단, 시간이 스트레스를 유발하는가?"

예방 설계

미팅 스케줄 자동 최적화

고스트 타임(멍 때리는 시간) 캘린더에 자동 배정

GPT가 제안하는 맞춤형 루틴(산책, 호흡, 명상)

회복 루틴

루틴화된 회복: 찜질방, 걷기, 음악, 커피 타임

AI 기반 감정 저널링: "왜 내가 그때 그렇게 느꼈을까?"를 GPT가 해석해 줌

4. 스트레스를 줄이는 핵심 자동화 프롬프트

"오늘의 스트레스 요인을 분석하고, 내일 아침 루틴을 스트레스 최소화 중심으로 짜줘."

"이번 주 내 스트레스 스코어와 회복률을 기반으로 회복 시간을 늘릴 일정 재구성 해줘."

5. 실전 툴 조합

도구	역할
Notion 감정 다이어리	감정 추적 및 GPT 피드백
Oura/Watch	심박수, HRV, 수면 등 생체 지표 추적
Calm or Headspace	명상 자동 추천 및 실행
Google Calendar + Zapier	회복 시간 자동 배정

95. 자동화된 은퇴 계획 설계

"은퇴는 나중에 준비하는 게 아니다.
지금 시스템에 '은퇴 시나리오'를 넣는 것이다."

1. '언젠가'가 아니라 '오늘'부터 시작하는 은퇴 설계

대부분의 사람들은 은퇴를 막연하게 생각한다.
하지만 부자들은 은퇴를 '구체적인 프로젝트'로 설계한다.
그 핵심은 다음 세 가지다:

은퇴 시점 명확화, 은퇴 이후 월간 필요 자금 산정,
이를 역산한 현금흐름 시스템 설계
이제는 이 과정을 **AI와 자동화 시스템으로 설계**할 수 있다.

2. 은퇴 시스템, 어떻게 자동화할까?

AI를 활용한 은퇴 설계는 다음과 같은 과정을 거친다:

1) 은퇴 시나리오 정의

목표 은퇴 나이: 예) 55세

기대 수명: 예) 90세

은퇴 후 월간 생활비: 예) 500만 원

인플레이션 고려: 연 3%

GPT 프롬프트:

"55세 은퇴 목표로 35년 동안 인플레이션을 고려한 생활비 계획과 연간 필요한 수익률을 계산해 줘."

2) 자산 시뮬레이터 연동

부동산 자산, 금융 자산, 사업 수익 자동 입력

자산 시뮬레이터(AI 기반)로 2030년, 2040년, 2050년 자산 흐름 예측

"현재 자산 포트폴리오로 은퇴 가능한 시점을 알려 줘."

"은퇴 후 20년 동안의 현금 흐름을 예측해 줘."

3) 자동 리밸런싱 시스템

매년 자산의 리스크/수익률을 평가해 GPT가 조언

필요시 포트폴리오 조정 (주식: 부동산: 현금 비율 등)

GPT가 '올해의 은퇴 준비 보고서'를 이메일로 요약 발송

4) 은퇴 이후의 삶도 설계하라

어디서 살지? 도시 vs 자연

어떤 일을 하며 지낼지? (봉사, 글쓰기, 강의 등)

건강/취미/사회적 활동까지 AI가 함께 코디

"은퇴 후 60세부터 80세까지의 라이프스타일을 GPT에게 스토리북처럼 시뮬레이션 받아보세요."

3. 활용 툴 & 자동화 조합

도구	용도
ChatGPT + 재무 프롬프트	자산 시뮬레이션, 연금 설계

Notion + 은퇴 대시보드	자산 추적, 목표 진행률 확인
Google Sheet + GPT 연동	은퇴 플랜 시각화
Zapier + Email	연례 은퇴 보고서 자동 수신

96. 부의 가계도 작성 및 계승 전략

"부는 끝나지 않아야 한다. 한 세대에서 다음 세대로 이어질 때, 그것이 진정한 자산이 된다."

1. 왜 '부의 가계도'가 필요한가?

많은 이들이 자신의 자산은 자신의 생애에서 끝난다고 생각한다. 그러나 부자들은 그렇게 생각하지 않는다.
그들은 '나'라는 존재를 부의 첫 세대 혹은 연결 고리로 여긴다.

부의 가계도란, 자산이 자녀와 손주까지 계승될 수 있도록 설계된 재정적·정신적 유산의 구조이다.

2. Step 1. 가계 자산과 흐름 정리

부의 계승은 기록에서 시작된다.
아래 질문에 대한 답을 **AI와 함께 정리**해 보자.

현재의 자산 총액은? (부동산, 금융, 사업 등)

소득의 출처와 흐름은?

매달 고정 지출, 유동 지출은?

대출과 부채 상황은?

GPT 프롬프트 예시:

"내가 사망한 이후 자녀가 상속받게 될 자산과 부채 구조를 요약해 줘."

3. Step 2. 상속 설계의 자동화

부의 계승은 감정이 아닌 **시스템으로 설계**해야 한다.

AI 법률 프롬프트로 상속세 시뮬레이션

자녀별 상속 비율, 시기, 방식 시뮬레이션

증여 시나리오 및 절세 전략 자동 작성

가업 승계 여부 고려

"첫째와 둘째 자녀에게 공평하게 상속하되, 세금을 최소화하는 전략 알려 줘."

4. Step 3. 정신적 유산을 설계하라

돈보다 더 중요한 건 '가치관'이다.

부를 다룰 능력과 철학도 함께 계승되어야 한다.

가족 회의록 작성 (Notion 등)

자녀에게 쓰는 '부의 편지' 자동 작성

'가족憲法' GPT로 초안 구성

GPT에게 요청:

"자녀에게 부를 다루는 철학과 책임을 담은 편지를 써 줘."

"우리 가족만의 철학이 담긴 선언문을 만들어 줘."

5. Step 4. 부의 계보 그리기 (Wealth Family Tree)

부의 가계도는 단지 재산 목록이 아니다.

각 인물이 어떤 삶을 살았는지,

어떤 역할을 했는지 기록하는 살아 있는 스토리이다.

가문별 자산 흐름도 (Excel, Notion 등 시각화)

주요 인물별 역할, 유산 정리

후손이 참고할 수 있는 '가문의 투자 원칙' 요약

6. 활용 도구 & 자동화 조합

도구	용도
ChatGPT + 상속법 프롬프트	유산 분배 시뮬레이션
Notion + 가족 문서	회의록, 선언문, 부의 편지 저장
Canva + 계보 템플릿	부의 가계도 시각화
Google Sheet	자산 흐름 기록

부의 계승은 감정이 아니라 시스템이다.

상속의 핵심은 '얼마'보다 '어떻게'에 있다.
당신이 설계하는 부의 가계도는
가족의 역사를 바꾸는 설계도가 된다.

"자녀에게 줄 최고의 유산은
돈이 아니라 부를 다룰 수 있는 철학이다."

97. 매일 1% 복리 성장 시스템

"하루 1%의 성장은, 1년 뒤 나를 37배 성장시킨다."

1. 복리의 마법, 삶에도 적용하라

우리는 복리를 금융에만 적용하려고 한다.
하지만 지식, 습관, 건강, 관계, 수입도
복리의 방식으로 쌓을 수 있다.
핵심은 매일 1%. 작지만 확실한 성장의 씨앗을 심는 것이다.

2. Step 1. 성장 지표 설정하기

먼저, 당신에게 있어 '성장'이란 무엇인가?

분야	성장 지표 예시
건강	하루 20분 걷기, 수면 7시간 이상
지식	하루 15분 독서, AI 공부 1챕터

재무	자산표 점검, AI와 재무대화 1회
관계	감사 메시지 1건, 가족 대화 10분
생산성	Deep Work 1시간, 할 일 정리

GPT에게 질문:

"나의 일상에 맞는 복리 성장 항목 5가지를 추천해 줘."

3. Step 2. 성장 루틴 자동화

성장의 적은 '망각'과 '귀찮음'이다.
AI와 자동화를 활용해 **루틴화**하라.

GPT와 매일 아침 1% 성장 계획 수립
할 일 자동 리마인드 (Google Tasks, Notion)
루틴 이행률 기록 (GPT가 요약해 줌)
성공 시 보상 설정 (예: 명상, 간식 등)

"매일 아침 오늘의 1% 성장 미션을 요약해서 알려 줘."
"이틀 연속 미션 실패 시 원인을 분석해 줘."

4. Step 3. 복리 추적 대시보드 만들기

수치는 동기를 만든다.
AI와 함께 **1%의 성장을 시각화**해 보세요.

Google Sheet로 복리 곡선 시뮬레이션

성장 항목별 이행률 추적

월간 리포트 자동 생성

AI가 월별 개선점 제안

"이번 달 내 루틴 수행률과 가장 잘한 항목, 부족한 부분을 정리해 줘."

5. Step 4. 성장의 반복성 확보

매일이 무작위이면 복리도 무너진다.
성장의 패턴을 만들고, **반복 가능한 시스템**으로 승화시켜야 한다.

성장 루틴 템플릿 저장

특정 요일별 테마 설정 (예: 월: 재무 / 수: 건강)

GPT와 '복리의 날' 지정 → 집중 실행

실패 피드백을 데이터화하여 반복 개선

6. 추천 도구 조합

도구	용도
Notion + GPT 연동	매일 성장 루틴 정리 및 리마인드
Google Sheet	성장률 시각화
ChatGPT	루틴 분석 및 성찰 대화
Habitify / TickTick	습관 형성 트래킹 앱

1% 성장은 작지만, 그 끝은 상상을 초월한다.
중요한 건 완벽이 아니라 지속성이다.
AI와 함께하는 복리 시스템은
당신을 매일 0.01씩 업그레이드하는 엔진이다.
"내일의 나는, 오늘보다 1% 더 나아간다.
그렇게 365일이 지나면,
나는 완전히 다른 사람이 되어 있을 것이다."

98. 리스크 예측 알고리즘 구축

"위험을 피하는 것이 아니라, 예측하고 대비하는 것이다."

1. 리스크, 피할 수 없다면 '예측'하라

부와 성장은 언제나 **불확실성 위에 세워진 탑**이다.
하지만 기술은 이 불확실성을 '예측 가능한 위험'으로 바꿔준다.
AI는 단순한 사고 예방이 아닌, **위기에서 기회를 찾는 도구**가 되어준다.

2. Step 1. 나의 리스크 요인 파악하기

모든 사람은 서로 다른 리스크 구조를 가지고 있다.
당신의 리스크는 어느 영역에 집중되어 있는가?

영역	리스크 예시
재무	소득 편중, 투자 손실, 비상금 부족
건강	과로, 만성 질환, 생활 불균형
비즈니스	고객 이탈, 매출 급감, 규제 변화
관계	파트너 불화, 직원 이직, 인적 리스크

GPT에게 질문:

"내 일상/사업에서 발생할 수 있는 주요 리스크 10가지를 예측해 줘."

3. Step 2. AI 기반 리스크 예측 시스템 만들기

예측은 데이터에서 시작한다.
지금까지의 행동 데이터를 AI에게 학습시키면,
미래의 리스크 징후를 조기에 발견할 수 있다.

매출, 고객, 건강 기록 등의 데이터 정리
ChatGPT에게 리스크 패턴 분석 요청
예측 트리거 설정: 특정 수치 이상 변화 시 알림
리스크 스코어링 모델 구축 (예: 0~100점 위험도)
"최근 3개월간 수익성과 스트레스 지수를 비교 분석해 줘."
"다음 분기 사업 리스크를 확률로 정리해 줘."

4. Step 3. 시나리오 플래닝 자동화

AI는 **가상 시나리오를 무한히 시뮬레이션**할 수 있다.
리스크가 현실이 되었을 때, 어떻게 대응할지를 미리 설계하라.

"주요 고객 1명이 이탈할 경우 수익에 미치는 영향은?"
"AI 도입 지연 시 경쟁사 대비 불리해질 점은?"
"나의 건강 지표가 급격히 악화될 경우 일상 변화는?"

GPT에게 시나리오 생성 요청:
"내 주요 수입원이 끊겼을 때 가능한 3가지 대안 시나리오를 작성해 줘."

5. Step 4. 대응 플랜 자동 설계

예측만 하고 대비하지 않으면 무용지물이다.
AI와 함께 **위험 발생 시 행동 매뉴얼**을 설계하라.

위기 상황별 대응 프로토콜 작성
의사결정 루틴 자동화 (조건부 대응)
재무적 대비책 (현금 유동성 시뮬레이션 등)
심리적 대응 방안 (멘탈 회복 루틴 포함)

"만약 매출이 이번 달 30% 이상 하락하면 어떤 대응을 할까?"
"건강에 문제가 생겼을 때, 내 루틴을 어떻게 재조정해야 할까?"

6. 추천 도구 조합

도구	활용 목적
Google Sheet + GPT	리스크 요인 및 패턴 추적
Notion	리스크 대응 시나리오 정리
ChatGPT	실시간 상황 분석 및 플랜 수립
Zapier	특정 지표 도달 시 자동 알림 설정

예측은 최고의 회피다.

AI는 당신이 놓치고 있는 리스크를 조용히 알려 준다.

위기 상황이 왔을 때 놀라는 대신, 준비된 행동을 하게 될 것이다.

"위험을 피하려 하지 마라.

그것과 함께 춤출 수 있는 알고리즘을 만들어라."

99. 실시간 목표 추적 대시보드

"보이는 목표는 이루어진다. 계속 보이게 하라."

1. 목표가 실현되지 않는 가장 큰 이유?

바로 잊어버리기 때문이다.

우리는 너무 많은 일에 둘러싸여,

자신이 정말 중요하게 세운 목표조차 무심코 흘려보낸다.

실시간 목표 추적 대시보드는
당신이 세운 목표가 '잊히지 않고',
'매일의 행동으로 이어지게' 만들어준다.

2. Step 1. 나만의 핵심 목표 3가지 정의하기

대시보드는 많을수록 좋은 것이 아니다.
딱 3가지 핵심 목표만 명확히 정의하라.

예시:

월 매출 3,000만 원 달성
체중 5kg 감량 및 체지방률 20% 이하
매일 새벽 6시 기상 및 독서 30분 실천

GPT 프롬프트:
"나의 인생에 가장 큰 변화를 줄 핵심 목표 3가지를 정리해 줘."

3. Step 2. 행동 지표로 쪼개기

목표는 추상적이고 멀리 있지만,
지표는 구체적이고 측정 가능해야 한다.

매출 → 일간 상담 수, 전환율, 재구매율
건강 → 주간 운동 횟수, 섭취 칼로리, 수면 시간
루틴 → 기상 시간, 독서 페이지 수, 디지털 디톡스 여부

GPT 프롬프트:

"내 목표를 측정 가능한 행동 지표로 나눠 줘."

4. Step 3. 실시간 추적 시스템 만들기

목표는 눈에 보일 때 이뤄진다.
실시간 목표 추적 대시보드를 만들어
매일 '스스로에게 보고'하라.

활용 툴 조합:

툴	용도
Notion / Google Sheet	목표 추적 템플릿 작성
ChatGPT + API 연동	자동 분석 및 피드백 생성
Zapier	특정 조건 달성 시 보상 자동화
위젯 앱 (예: TickTick, Todoist)	휴대폰 대시보드 노출

"이번 주 평균 운동 횟수는 어땠어?"
"오늘까지 내 매출 목표 달성률은 몇 %야?"

5. Step 4. 피드백 루틴과 보상 시스템

목표 추적의 핵심은 '데이터'가 아니라 '습관'이다.
작은 성과에도 스스로 칭찬하고,
정체 구간에서는 AI로 피드백을 받으라.

매일 저녁 5분, '진행 점검' 루틴 만들기

일정 목표 도달 시, 보상 자동 설정

목표 미달 시, 원인 분석 및 개선안 요청

GPT 프롬프트:

"이번 주 목표를 달성하지 못한 원인을 분석해 줘."

"내 습관을 유지할 수 있도록 응원 메시지 보내 줘."

보이는 목표가 행동을 이끈다.

목표는 추상적이고 먼 미래지만,

실시간 대시보드는 구체적이고 지금 당장 움직이게 만든다.

"성공은 예측 가능한 방향의 누적이다. 그 방향을 매일 대시보드에 띄워두라."

100. AI와 함께 100억 자산의 주인 되기

"기계는 계산하고, 나는 축적한다."

1. 왜 100억인가?

단순히 '많은 돈'이 아니라, 경제적 자유 + 세대 자산 승계 + 사회적 영향력까지 모두 확보할 수 있는 마지노선.

100억은 꿈의 자산이 아니라 전략의 결과물이다.

2. 과거의 방식:

노동 → 저축 → 부동산 투자 → 수익

AI 시대의 방식:

AI 분석 → 자동화된 수익 모델 → 복리 성장 시스템 → 자산 흐름 추적

"노력의 질과 방향이 달라졌다.

사람은 전략을, AI는 실행을 맡는다."

1) AI와 함께 자산 구조 설계

현금 흐름 / 자본 이득 / 보유 가치

자산유형	예시	AI 활용
현금흐름	임대수익, 콘텐츠 구독료	수익 자동화 시스템 구축
자본이득	주식, 코인, 스타트업 지분	트렌드 예측 AI + 포트폴리오 재조정
보유가치	토지, 미술품, 브랜드	가치 분석 및 장기 보유 전략 설계

2) AI 자산 어드바이저 시스템 구축

당신의 재무 비서를 AI로!

매달 지출 패턴 분석

종목 간 수익률 비교

리스크 예측 및 리밸런싱 제안

절세 플랜 자동 생성

투자 타이밍 경고 알림

GPT 프롬프트:

"이번 달 내 자산 흐름 리포트 작성해 줘."

"현재 투자 포트폴리오에서 비효율적인 항목은?"

3) 복리 성장 자동화

복리는 **수익률보다 지속성과 시스템**의 싸움이다.

하루 1%의 성장도 1년 뒤 37배가 되는 게 복리다.

매일 AI에게 '나의 1% 성장 요소' 리포트 요청

수익 재투자 알고리즘 설계

자동화된 학습 루틴 + 습관 보강

"내가 하루 1% 성장하기 위해 오늘 할 일은?"

"지금 내 수익률을 복리로 환산하면?"

4) 부의 흐름을 지도로 만들기

돈의 흐름은 '지도'처럼 보여야 관리된다.

실시간 수입/지출, 자산 증감, 위험 신호를

시각화된 대시보드로 한눈에 확인하라.

활용 툴:

Notion, Airtable, Google Data Studio, AI 기반 앱

GPT + Zapier + 엑셀 연동 자동보고서

5) 세대 승계와 장기 비전

100억은 혼자서 다 쓰기 위한 자산이 아니다.

가문, 자녀, 공동체를 위한 비전이 뒷받침되어야

부는 '끝까지 살아남는 자산'이 된다.

AI로 자산 상속 및 증여 시뮬레이션
후계자 교육 콘텐츠 자동화
부의 철학 문서화 및 전수 시스템

3. 메시지

100억은 절대 허황된 숫자가 아니다.
AI라는 도구와 전략이라는 사고가 있다면,
누구나 도달 가능한 실전 목표이다.

"AI는 당신의 두뇌를 확장해 줄 파트너다.
이제, 자산도 함께 키워보자."

**AI와 함께 자산을 키우는 시대에
당신은 이제 가장 강력한 무기를 손에 넣었습니다.
꿈을 이루시기를 소망합니다.**

저자

문태성 박사
(칼럼니스트, 시인)

1958년 강원 영월 출생으로,
고려대 정치외교과, 고려대 정책대학원 국제관계,
건국대 대학원 정치학과 국제정치(정치학 박사)를 전공하였고,
칼럼니스트이자 시인, 한국강사협회 정회원이기도 하다.

대기업 경험과 국회 등에서 공직자를 지냈고,
건국대학교에 출강과 미 캐롤라인대 강사를 거쳐
미 훼이스신학대학원 교수로 재직 중이다.
생성형 AI를 활용한 글쓰기를 좋아하여,
새로운 세계의 트렌드를 연구하며 활동하고 있다.

※ 저서 : 『미래형 리더십』 외 27권

H.P : 010-5034-2344
tsmoon1@hanmail.net

출간후기

도서출판 행복에너지 대표 **권선복**

　AI가 인간의 생산성을 대체하는 시대, 대한민국 젊은 세대는 어떤 전략으로 살아남아야 할까? 신간 『100억 부자 AI 전략』(저자 문태성)은 이 질문에 단순한 해답이 아니라 '부자의 사고회로' 자체를 제시한다. 이 책은 단순한 재테크 지침서가 아니다. AI 기반 부의 시스템을 설계하는 완성형 전략 보고서이자, 10대·20대·3040 직장인이 반드시 알아야 할 "부의 메커니즘을 여는 100가지 AI 전략"을 담고 있다.

　"평범한 사람도 100억을 목표로 해도 되는 시대가 왔다"

　저자 문태성 박사는 금융기관, 국회, 공공기관에서 일하며 수천 명의 인생 데이터를 지켜봤다. 그가 발견한 진실은 충격적이다.

　"부자는 더 열심히 사는 사람이 아니라, 더 정확하게 사는 사람이다."
　"돈은 감정이 아니라 시스템이다."
　"AI를 아는 사람과 모르는 사람은, 앞으로 평생 다른 길을 걷는다."

"AI는 당신이 잘 때도 돈을 벌어준다. 하지만 전략을 모르면 AI는 아무 일도 하지 않는다."

이 책은 'AI 시대 부자'가 되는 데 필요한 기술·습관·사고방식·루틴을 가장 압축된 형태로 제공한다.

문태성 박사는 강원도 영월 산골에서 자랐다. 책 한 권 구하기 어렵던 환경에서 그는 단 하나의 좌우명을 가슴에 새겼다. "충만하라, 정복하라." 그 문장과 함께 매일 1%씩 성장한 끝에 명문대 진학, 박사 과정, 금융·공공기관 경력을 거쳐 지금은 'AI융합 재테크 전략'의 선도자로 자리 잡았다. 이 책에는 그가 직접 검증한 현실적인 부의 설계도가 담겨 있다.

『100억 부자 AI 전략』이 제시하는 핵심은 단순하다. AI가 일하게 만드는 구체적인 루틴, 100억 시스템을 만드는 구조화 전략, 돈이 불어나는 구조를 'AI 시뮬레이션'으로 해석하는 법, 청소년도 이해할 수 있는 100가지 자동화적 사고, 실패 확률을 최소화하는 전략적 의사결정법, 그동안 부는 '감(感)'으로 만들어지는 것처럼 보였지만 이제는 전략 + 시스템 + AI라는 명확한 공식을 통해 누구나 접근할 수 있는 영역이 되었다.

도서출판 행복에너지 권선복 회장은 이번 신간에 대해 다음과 같이 밝혔다. "이 책은 독자가 '부자의 뇌'를 즉시 장착하게 만드는 책입니다. 부자의 행동을 따라 하는 것을 넘어, 부자의 사고방식 자체를 몸에 심어주는 책입니다. 100억은 단순한 꿈이 아니라, '전략을 알면 가능한 수치'라는 사실을 보여줍니다."

함께 보면 좋은 책들

이채필이 던진 짱돌

이채필 지음 | 값 30,000원

이 책은 이채필 전 고용노동부 장관의 역경과 도전으로 가득찬 삶과 더불어 고용노동부 소속 공무원에서 시작하여 장관에 이르기까지 노동 관련 업무를 하면서 확립하고 지켜 온 노동 관련 행정에 관한 신념 및 그에 따른 행보를 다루고 있는 책이다. 대한민국의 갈등적 노사관계 해소를 위하여 시행했던 다양한 노사관계 개혁의 실행 과정과 함께 실무에 앞장선 행정가의 지혜가 고스란히 담겨있다.

중견기업 CEO와 비전공자를 위한 회계원리

노영래 지음 | 값 25,000원

이 책은 CEO와 창업자들에게 숫자가 아닌 그림과 사례로 회계의 원리를 이해하고, 경영자로서 필요한 정보를 읽어낼 수 있도록 돕는 데에 중점을 두고 있다. 그렇기 때문에 숫자 사용은 최대한 배제하고 있으며 회계를 이해하는 데에 필요한 필수 개념과 재무제표의 작성 원리를 도식, 그림과 함께 쉬운 문장으로 설명하는 데에 중점을 두고 있는 것이 특징이다.

밥상머리 교육에서 시작하는 우리 아이의 미래

신종우 지음 | 값 20,000원

이 책은 전통적인 '밥상머리 자녀교육'과 다문화 사회, AI 시대 등의 현대적 키워드를 결합하여 자녀교육의 새로운 길을 제시한다. 특히 이 책은 온 가족이 함께 밥상머리 규칙을 만들고 식사를 준비하는 등 부모들에게 '밥상머리'라는 기회를 통해 자녀와의 동등한 소통의 대화법을 제시하고 있는 것이 특징이다.

청렴 그 길을 묻다

박종성 지음 | 값 22,000원

한국건설기술연구원에서 33년간 연구 및 행정업무에 봉직한 바 있으며 현재는 청렴전문강사로 활동 중인 저자는 이 책 『청렴 그 길을 묻다』를 통해 청렴교육의 당사자인 공직자들뿐만 아니라 일반 국민들도 가슴 깊이 담아두어야 할 '청렴'의 본질을 이야기한다. 특히 단순한 청렴 관련 법령의 나열에서 벗어나 인문학을 통해 청렴의 당위성을 이야기하고 공감 및 감동을 불러일으키고 있는 것이 이 책의 특징이다.

좋은 **원고**나 **출판 기획**이 있으신 분은 언제든지 **행복에너지**의 문을 두드려 주시기 바랍니다.
ksbdata@hanmail.net www.happybook.or.kr 문의 ☎ 010-3267-6277

'행복에너지'의 해피 대한민국 프로젝트!

<모교 책 보내기 운동> <군부대 책 보내기 운동>

한 권의 책은 한 사람의 인생을 바꾸는 힘을 가지고 있습니다. 한 사람의 인생이 바뀌면 한 나라의 국운이 바뀝니다. 그럼에도 불구하고 많은 학교의 도서관이 가난하며 나라를 지키는 군인들은 사회와 단절되어 자기계발을 하기 어렵습니다. 저희 행복에너지에서는 베스트셀러와 각종 기관에서 우수도서로 선정된 도서를 중심으로 <모교 책 보내기 운동>과 <군부대 책 보내기 운동>을 펼치고 있습니다. 책을 제공해 주시면 수요기관에서 감사장과 함께 기부금 영수증을 받을 수 있어 좋은 일에 따르는 적절한 세액 공제의 혜택도 뒤따르게 됩니다. 대한민국의 미래, 젊은이들에게 좋은 책을 보내주십시오. 독자 여러분의 자랑스러운 모교와 군부대에 보내진 한 권의 책은 더 크게 성장할 대한민국의 발판이 될 것입니다.